马克思主义简明读本

民族区域自治理论

丛书主编：韩喜平

本书著者：郑晓艳

编 委 会：韩喜平　邵彦敏　吴宏政
　　　　　王为全　罗克全　张中国
　　　　　王　颖　石　英　里光年

吉林出版集团股份有限公司

图书在版编目（CIP）数据

民族区域自治理论 / 郑晓艳著. -- 长春：吉林出版集团股份有限公司，2014.4（2021.2重印）
（马克思主义简明读本）

ISBN 978-7-5534-4084-2

Ⅰ. ①民… Ⅱ. ①郑… Ⅲ. ①民族区域自治－理论研究－中国 Ⅳ. ①D633.2

中国版本图书馆CIP数据核字（2014）第054276号

民族区域自治理论
MINZU QUYU ZIZHI LILUN

丛书主编：	韩喜平
本书著者：	郑晓艳
项目策划：	周海英　耿　宏
项目负责：	周海英　耿　宏　宫志伟
责任编辑：	宫志伟
出　　版：	吉林出版集团股份有限公司
发　　行：	吉林出版集团社科图书有限公司
电　　话：	0431-81629720
印　　刷：	永清县晔盛亚胶印有限公司
开　　本：	710mm×960mm 1/16
字　　数：	100千字
印　　张：	12
版　　次：	2014年4月第1版
印　　次：	2021年2月第4次印刷
书　　号：	ISBN 978-7-5534-4084-2
定　　价：	36.00元

如发现印装质量问题，影响阅读，请与出版方联系调换。

序　言

　　习近平总书记指出，青年最富有朝气、最富有梦想，青年兴则国家兴，青年强则国家强。青年是民族的未来，"中国梦"是我们的，更是青年一代的，实现中华民族伟大复兴的"中国梦"需要依靠广大青年的不断努力。

　　要提高青年人的理论素养。理论是科学化、系统化、观念化的复杂知识体系，也是认识问题、分析问题、解决问题的思想方法和工作方法。青年正处于世界观、方法论形成的关键时期，特别是在知识爆炸、文化快餐消费盛行的今天，如果能够静下心来学习一点理论知识，对于提高他们分析问题、辨别是非的能力有着很大的帮助。

　　要提高青年人的政治理论素养。青年是祖国的未来，是社会主义的建设者和接班人。党的十八大报告指出，回首近代以来中国波澜壮阔的历史，展望中华民族充满希望的未来，我们得出一个坚定的结论——实现中华民族伟大复兴，必须坚定不移地走中国特色社会主义道路。要建立青年人对中国特色社会主义的道路自信、理论自信、制度自信，就必须要对他们进行马克思主义理论教育，特别是中国特色社会主义理论体系教育。

要提高青年人的创新能力。创新是推动民族进步和社会发展的不竭动力，培养青年人的创新能力是全社会的重要职责。但创新从来都是继承与发展的统一，它需要知识的积淀，需要理论素养的提升。马克思主义理论是人类社会最为重大的理论创新，系统地学习马克思主义理论有助于青年人创新能力的提升。

要培养青年人的远大志向。"一个民族只有拥有那些关注天空的人，这个民族才有希望。如果一个民族只是关心眼下脚下的事情，这个民族是没有未来的。"马克思主义是关注人类自由与解放的理论，是胸怀世界、关注人类的理论，青年人志存高远，奋发有为，应该学会用马克思主义理论武装自己，胸怀世界，关注人类。

正是基于以上几点考虑，我们编写了这套《马克思主义简明读本》系列丛书，以便更全面地展示马克思主义理论基础知识。希望青年朋友们通过学习，能够切实收到成效。

韩喜平

2013年8月

目 录

引 言 / 001

第一章 民族区域自治的历史基础 / 005

第一节 我国的民族概况 / 005

第二节 我国各族人民的历史贡献 / 013

第三节 中国国情的历史和现实 / 021

第四节 各族人民共同缔造和建立了中华人民共和国 / 025

第二章 民族区域自治的理论基础 / 033

第一节 中国历史上统治阶级的民族政策 / 033

第二节 无产阶级解决民族问题的原则和政策 / 038

第三节 我国解决民族问题的基本政治制度 / 044

第三章　民族区域自治的指导思想和基本原则 / 052

第一节　民族区域自治理论的指导思想 / 052

第二节　民族区域自治理论的基本原则 / 057

第四章　民族区域自治的法律保障 / 065

第一节　民族区域自治法的内涵 / 065

第二节　民族区域自治法的制定 / 073

第五章　民族区域自治地方的建立和自治机关的组成 / 081

第一节　民族自治地方的建立 / 081

第二节　民族自治地方自治机关的组成 / 093

第六章　民族区域自治地方自治机关的自治权 / 103

第一节　政治方面的自治权 / 103

第二节　经济建设方面的自治权 / 112

第三节　财政方面的自治权 / 120

第四节　文化建设方面的自治权 / 123

第五节　管理其他事务的自治权 / 133

第七章　依法保障民族自治地方自治机关的自治权 / 139

第一节　自治权的内涵 / 139

第二节　自治机关自治权的性质 / 144

第三节　自治权的行使 / 148

第八章　民族自治地方内的民族关系 / 153

第一节　民族自治地方内的民族关系 / 153

第二节　维护和发展民族自治地方内的社会主义民族关系 / 156

第三节　加强民族自治地方内民族乡的建设 / 164

第四节　正确处理民族自治地方内民族关系的意义 / 169

第九章　认真贯彻和实施民族区域自治法 / 172

第一节　民族区域自治法实施的基本情况 / 172

第二节　贯彻和实施民族区域自治法的各项保障 / 177

引 言

中国是一个以汉族为主体、由众多民族结合而成的国家，是世界上地大物博、人口众多、具有悠久历史和灿烂文化的国家之一。中国大多数民族从古代起，就劳作、生息、繁衍在中国这块广阔的土地上。在长期的历史发展过程中，他们共同开发了辽阔的疆域，创造了灿烂的文化。近一百多年来，中国各族人民又英勇地进行了反对帝国主义、封建主义和官僚资本主义的斗争，共同缔造了中华人民共和国这一各民族平等、团结、互助、和谐的大家庭。

作为一个国家，固定的居民是不可缺少的要素，世界上多数国家的居民都是由不同的民族组成的，因此，许多国家内部都存在着民族问题，即不同民族之间的联系和矛盾问题。为解决民族问题，各国主要采用两种国家结构形式，即单一制和联邦制。

联邦制国家也称联盟国家，是由两个以上的州或邦或共和国组成，联邦成员根据国家宪法划分权限，在政治、法律、经济、文化教育等方面享有许多自主权，设有自己的立法机关和中央政府，有自己的宪法，行使自己的权利。例如，美国就采用了联邦制，将不同民族、不同语种的居民统一于美利坚联邦政府之下。

单一制国家，即只有一部宪法和一个中央政府的国家。在实行单一制的国家中，又有两种不同的形式，一种属于严格的单一制，国家以主体民族为主，其他民族在国内没有任何民族自主权，例如日本就是这样。另一种形式的单一制国家对其国内的少数民族给予一定的自主权，在这种单一制国家内部，虽然只有一部宪法和一个中央政府，但在国内一些少数民族聚居的地区，给予其一定的自主权，允许实行区域自治，由少数民族根据其民族特点来管理本区域内的事务，以保证少数民族在国内实现其平等权利。这些少数民族实行自治的区域不能像联邦制成员国那样制定本区域的宪法，设立中央政府，但他们可以根据本区域内的民族特点制定自治条例，变通国家法律，当然这种变通不能违反国家宪法。中国就是实行民族区域自治的单一制国家。

民族的形成是一种历史现象，更是一种社会现象。有民族就有差异，就有民族关系中的矛盾甚至问题。调节民族关系、解决民族问题，不仅需要各族人民的努力，更需要执政党的执政智慧。民族区域自治制度，是中国共产党的伟大创造，有利于把握各民族共同团结奋斗、共同繁荣发展的主题，保障少数民族合法权益，巩固和发展平等、团结、互助、和谐的社会主义民族关系。

《中华人民共和国宪法》和《中华人民共和国民族区域自治法》都肯定了民族区域自治制度，为这一制度的稳固提供了理论基础和法律保障。《中华人民共和国宪法》第四条规定："各少数民族聚居的地方实行区域自治，设立自治机关，行使自治权。各民族自治地方都是中华人民共和国不可分离的部分。"《中华人民共和国民族区域自治法》第二条规定："各少数民族聚居的地方实行区域自治。"第十九条规定："民族自治地方的人民代表大会有权依照当地民族的政治、经济和文化的特点，制定自治条例和单行条例。"

胡锦涛在党的十八大报告中指出："全面正确贯彻落实党的民族政策，坚持和完善民族区域自治制度，牢牢把握各民族共同团结奋斗、共同繁荣发展的主题，深入开展民族团结进步教育，加快民族地区发展，保障少数民族合法权益，巩固和发展平等、团结、互助、和谐的社会主义民族关系，促进各民族和睦相处、和衷共济、和谐发展。"

　　学习民族区域自治理论，有利于提高我们的马克思主义理论修养，树立正确的世界观和民族观；有利于提高我们执行党和国家的民族政策的自觉性；有利于正确处理民族关系，做好民族工作，维护祖国统一，加强民族团结；有利于加速我国的社会主义现代化建设和全面建成小康社会目标的实现。

第一章 民族区域自治的历史基础

第一节 我国的民族概况

一、我国各民族的人口和分布

中华人民共和国成立后，经过对民族的认真识别和统计，我国共有56个民族。据2011年4月28日中华人民共和国国家统计局公布的2010年第六次全国人口普查的统计数据，全国总人口为1 339 724 852。汉族人口总数为1 225 932 641，占全国总人口的91.51%。少数民族人口总数为113 792 211，占全国总人口的8.49%。各少数民族中，人口在1 000万以上的有壮族、回族、满族和维吾尔族等4个民族；人口在1 000万以下100万以上的有苗族、彝族、土家族、藏族、蒙古族、侗族、布依族、瑶族、白族、朝鲜族、哈尼族、黎族、哈萨克族、傣族等14个民族；人口在100万以下10万以上的有畲族、傈僳族、东乡族、仡佬族、拉祜族、佤族、水族、纳西族、羌族、土族、仫佬族、锡伯族、柯尔克孜族、景颇族、达斡尔族、撒拉族、布朗族、毛南族等18个民族；人口在10万以下1万以上的有塔吉克族、普米族、阿昌族、怒族、鄂温克族、京族、基诺族、德昂族、保安族、俄罗斯族、裕固族、乌孜别克族、门巴族等13个民族；人口不到1万的有鄂伦春族、独龙族、赫哲族、高山族、珞巴族、塔塔尔族等6个民族；其他未识别的民族640 101人，占比0.048%，如夏尔巴人、僜人、白马人等；还有外国人加入中国国籍1 448人。

全国56个民族中，汉族人口相对来讲占绝大多数，其他55个兄弟民族人口相对占少数，所以习惯上称为少数民族。而在某一个少数民族的聚居区内，聚居民族相对来讲人口又占多数，如西藏自治区内的藏族。但是，并非每一个民族区域自治地方实行区域自治的民族人口都占多数，全国有70%的民族区域自治地方实行区域自治的民族人口数占该自治地方内人口总数不到50%。

我国各民族在历史发展中早就形成了汉族与各少数民族之间、各少数民族之间的大杂居、小聚居、交错杂居的状况；全国各少数民族聚居并实行民族区域自治的地方，都有汉族和其他民族的居民；而没有实行区域自治的市、县中，97%以上的地方都有少数民族居民，没有哪一个民族的人仅仅聚居在一个地方。

回族有1 000多万人，而居住在宁夏回族自治区内的仅有100多万，不到全国回民总数的20%。人口较少的珞巴族，也散居于西藏境内的察隅、米林、墨脱、隆子、朗县内。即使像聚居程度较高的裕固族，自治县内仍有70%以上的非自治民族居民，还有一部分人散居于自治县以外。

云南省是我国各民族交错聚居或杂居最典型的地区，境内除汉族以外，有51个少数民族，其中傣族、白族、哈尼族、傈僳族、佤族、拉祜族、纳西族、景颇族、布朗族、阿昌族、怒族、德昂族、独龙族、普米族，基诺族等15个世居民族的居民交错聚居或杂居。就是在实行民族区域自治的地方，也具有相同的情况。

新疆维吾尔自治区虽然是维吾尔族聚居的地方，但也居住有汉族、哈萨克族、回族、蒙古族、柯尔克孜族、锡伯族、塔吉克族、乌孜别克族、满族、达斡尔族、塔塔尔族、俄罗斯族等民族的居民。内蒙古自治区虽然是蒙古族聚居的地方，却居住有除珞巴族之外的55个民族的居民。这种各民族之间大范围的杂居，又相对有某个民族的聚居，是我国各民族地区的主要居住情况。

这种分布格局是长期历史发展过程中各民族间相互交往、流动而形成的。中国少数民族人口虽少，但分布很广。全国各省、自治区、直辖市都有少数民族居住，绝大部分县级单位都有两个以上的民族居住。目前，中国的少数民族主要分布在内蒙古、新疆、宁夏、广西、西藏、云南、贵州、青海、四川、甘肃、辽宁、吉林、湖南、湖北、海南、台湾等省、自治区。从各民族居住分布的地域来看，我国159个民族自治地方的面积，占全国总面积的64%。同时，我国绝大多数的民族自治地方在边疆地区。

二、我国各民族的社会问题

民族问题是一种社会问题。在我国，主要是各民族之间的关系问题。民族关系既包含各民族之间的联系和各民族的发展，也包含彼此之间的差别。民族问题直接影响着国家的稳定、繁荣和发展，影响着国家的生存、统一和进步。

我国社会主义条件下的各民族之间的联系，概括起来就是：汉族离不开少数民族，少数民族离不开汉族，少数民之间也相互离不开。在我们这个多民族的大家庭里，各民族相互依存、优势互补、共同发展，是历史发展的自然趋势。国家用法律保证各民族在发展经济、文化等方面优势的发挥，这是我们这个历史上形成的统一的多民族国家得以巩固和发展的重要因素。

解放前，我国各族人民备受帝国主义、封建主义、官僚资本主义的压迫和剥削，经济和社会发展长期停滞落后，有的少数民族还处于封建农奴制阶段或奴隶制阶段，还有10多个民族保留着浓厚的原始公社制的残余。各民族聚居区之间的生产力发展水平和社会制度差别极大，多种社会形态并存。新中国成立后，在中国共产党和中央人民政府的领导下，先后在民族地区进行了民主改革和社会主义改造，解决了少数民族内部的阶级压迫、阶级剥削问题，确立了社会主义制度，许多原来经济和社会发展程度较低的少数民族，跨越了几个社会发展阶段，实现了社会发展的巨大飞跃。特别是改革开放和开展社会主义市场经济建设以来，民族地区经济落后的面貌发生了巨大变化，少数民族群众和全国各族人民一道基本上解决了温饱问题，一部分人已经开始过上比较宽裕的生活。

在我国现阶段，随着社会经济、文化的发展，各民族相互学习、互相帮助、互相影响，共同因素不断增多。但是，各民族的特点，各民族之间的差异将长久存在。在我国，各民族都有着共同的前途和命运，有着相同的长远利益和方向，特别重要的是，国家的发展同少数民族的发展是相辅相成的。因此，各民族除了互相帮助外，都有一个不断提高自身发展能力的问题。离开了各民族的发展，就谈不上国家的兴旺。但是，由于种种原因，少数民族和民族地区的社会、经济、文化的发展水平仍然很低，同比较发达的地区相比，差距仍然较大。民族差别的继续存在，历史上遗留下来的民族之间经济、文化发展的不平衡，并由此而产生的民族间事实上的不平等的存在，仍然是一个复杂的、重要的社会问题。在现阶段，我国的民族问题，集中地表现在少数民族和民族地区迫切要求进一步加快经济、文化的发展上。

社会主义时期是我国各民族繁荣发展的时期。社会主义条件下的民族关系基本上是劳动人民之间的关系。我国现阶段的民族问题，只有在解决整个社会问题的过程中，在全面建成小康社会的共同事业中才能逐步解决。所以，在新的历史时期，搞好民族工作、增强民族团结的核心问题，就是要创造条件，加快发展少数民族和民族地区的经济、文化等各项事业，促进各民族的共同繁荣，逐步消除各民族间事实上的不平等，这是我国现阶段民族问题的实质。

所谓民族间事实上的不平等，是指无产阶级和劳动人民通过革命取得政权，各民族在法律上和政治上实现民族平等后，由于历史上遗留下来的某些民族、民族地区在经济、文化发展方面的后进状态，使他们不能像经济、文化发展先进的民族一样，充分享受法律赋予他们的经济、文化方面的平等权利。民族问题的实质，规定了党和国家的社会主义民族政策的根本原则，必须是加快少数民族和民族地区社会、经济和文化的发展，以实现各民族的共同发展和繁荣。

我国民族问题的实质决定了我国民族问题的重要性、长期性和复杂性。这是因为：第一，民族还将长期存在。马克思主义民族理论告诉我们，先是阶级消亡，而后是国家消亡，最后是民族的消亡。只要民族还存在，民族差别还存在，民族问题就还存在。我国社会主义时期是各民族发展繁荣时期，民族之间的差别还不可能消失，因而不是民族消亡的时期，民族存在的长期性，决定了民族问题存在的长期性。第二，民族间事实上的不平等不可能在社会主义时期消灭。历史上遗留下来的我国各民族间经济、文化发展的不平衡，随着改革开放和社会主义市场经济的发展，这种事实上的不平等将越来越突出地显现出来。一些经济、文化还比较落后的民族和民族地区，不能与其他民族和其他地区平等地享受国家所赋予的政治上、法律上的各种权利，由此而产生的矛盾和摩擦，影响着民族之间、民族地区与其他地区之间的团结与合作。而要消除民族间事实上的不平等，需要相当长的时间。第三，民族主义的影响和偏见的存在，也决定了民族问题的重要性、长期性和复杂性。旧社会在民族问题上的遗毒，不是短时期内可以完全消除的；各民族在根本利益一致的情况下，在某些具体权益上，主要是经济权益方面，民族之间、民族地区之间仍然会发生一些矛盾和纠纷；在风俗习惯和语言文字等方面，由于相互了解或尊重不够，也容易造成某些误会和纠纷；在一些地方，民族问题往往和宗教问题交织在一起；由于种种原因，有些人有时会做出伤害民族感情、损害民族团结的事；利用民族问题打开缺口，是国内外敌对势力进行和平演变、破坏良好的社会秩序的主要手段，等等。①

---

① 金炳镐：《民族问题概论》，黑龙江朝鲜民族出版社1994年版，第59—60页。

民族问题是涉及到国家安危、民族振兴、改革开放和社会主义市场经济建设成败的重大问题。少数民族和民族地区的经济、文化和社会的发展，推动着各民族的发展进步和共同繁荣，直接关系到我国全面建成小康社会目标的顺利实现。民族地区的现代化同国内其他地区的现代化，少数民族的振兴同整个中华民族的振兴，是密不可分、互相促进的。

第二节　我国各族人民的历史贡献

一、共同书写祖国统一的悠久历史

中国各民族长期共同奋斗，缔造了中国这个伟大的、统一的多民族国家。中华民族的各个民族，从其先民以来就开始了对广袤土地的开发。我国著名历史学家范文澜先生在《中华民族的发展》一书中写道："依据历史记载，共同开发中国的各民族，一般说来汉族最先开发了黄河流域的陕甘及中原地区，东夷族最先开发了沿海地区。苗族、蛮族最先开发了长江、珠江和闽江流域，藏族最先开发了青海、西藏，彝族和西南各族最先开发了西南地区，东胡族最先开发了东北地区，匈奴、鲜卑、柔然、突厥、回纥、蒙古各族先后开发了蒙古地区，回族和西北各族最先开发了西北地区，黎族最先开发了海南岛，高山族最先开发了台湾。"各民族分别地或共同地开发疆域，为国家的统一事业奠定了深厚根基，还以罕见的历史主动性和合作精神，共同缔造了伟大的统一国家。

周武王伐纣，是由华夏的"八百诸侯"和庸、蜀、微、卢、彭、濮等许多少数民族共同进行的，这是我国各民族为建立统一国家而进行的第一次大规模的联合行动。

公元前221年，秦始皇顺应历史发展的潮流，实现了中国的统一，建立了多民族的专制主义的中央集权制国家。秦王朝在全国范围内，包括边远民族地区，统一设立了郡、县，中央政权直接对各民族地区实行统治。中央集权使我国各民族第一次实现了政治上的统一，为各民族的社会生产发展和经济文化交流，创造了前所未有的有利条件，各民族开始在一个统一的国家里共同生活、共同发展。

汉朝设置"幽州刺史部"、"西域都护府"、"护羌校尉"、"护乌桓校尉"、"朔方刺史部"和南越九郡，以及封"掸国"国王雍由调为"汉大都尉"，进一步巩固和发展了统一的多民族国家。

经过魏晋南北朝的民族大迁徙、大同化，唐朝取代隋朝以后，结束了南北朝分裂局面。内地各民族地区直接属道、府、州管辖，在边疆少数民族地区设立了羁縻州、府、道，由唐王朝册封这些地区的民族首领为世袭官职，使其成为这些地方的统治者，加强了中央王朝同少数民族地区的联系。同时，唐文成公主入藏以后，加强了唐中央政权同西藏地区密切的政治关系，进一步巩固了统一的多民族国家，发展了各民族之间在政治、经济、文化上的密切联系。

元朝是我国历史上第一个由少数民族建立的统治全国的政权，是继汉、唐之后又一个大统一的时期。元朝在全国创设"行省"制，设立11个行中书省（行省），奠定了现代中国以行省为地方行政区划的基础。现在的东北三省、内蒙古、广东、广西、云南、贵州为少数民族地区，都划在直接管辖的行政范围内，并设立宣政院直接管理西藏事务，同时设立澎湖巡检司，管辖澎湖、台湾一带。这些都加强了我国多民族国家的统一。

清朝取代明朝以后，是我们统一的多民族国家更加巩固和发展的重要历史时期。建立了辽阔的疆域，实现了全国规模的统一。东北至外兴安岭、乌第河和库页岛，北达恰克图，西北至巴尔喀什湖和葱岭，南及南沙群岛，西沙群岛，东括台湾及附属钓鱼岛等岛屿。清朝的疆域，除外蒙古独立，沙俄从我国东北及西北边境侵占去150万平方公里的领土外，基本上和我国今天的疆域相同，奠定了现在我国56个民族共有的版图。

中国从周秦到明清，不管是哪个民族出身的皇帝登上龙廷宝座，都是同一个中国的政权。康熙诗云："卜世周垂史，开基汉启疆。"①中国历史上无数次的改朝换代，只不过是漫长而曲折的统一之路上的一些插曲而已。无论是秦始皇、汉武帝，还是元世祖、康熙帝，他们都在为建立一个统一的多民族的东方大国而活动。如果拨开剥削阶级所制造的民族矛盾和民族仇恨的混浊泡沫，就会看见：各民族人民用血汗所融成的历史之河，本身就是一个不可分割的整体。在这个基础上建立的多民族统一国家的历史运动，有着强大的向心力和凝聚力。统一是我国历史发展的总趋势，具有永恒的强大的生命力，它能够战胜来自域外的侵略，能够克服中华民族内部的纷争，能够战胜社会生活海洋中的惊涛骇浪，

---

① 王文光：《中国民族发展史》，民族出版社2005年版，第751页。

使中华各民族共同组成的这个伟大国家在人类历史的星河中永放异彩。

中国的统一，也就是中华各民族凝聚成一个伟大的民族群体。在我国统一多民族国家的形成和长期历史发展的进程中，各民族各地区之间，形成了不可分割的经济联系和互相依存的关系。各民族在中华民族统一的悠久历史中，都作出了重要贡献。

二、共同创造祖国灿烂丰富的文化

光辉灿烂的中华文化是全国各民族的文化荟萃而成的。汉族以先进的农业、手工业和文化科学知识帮助了各少数民族的发展，各个少数民族也以其独特的创造，对祖国文化发展作出宝贵的贡献，并给汉族文化以深刻的影响。在语言文字方面，除了汉族、回族同语同文，满族、畲族通用汉语、汉文外，其余52个少数民族都有着自己的语言，有的还创立了自己的文字。早在汉代，西域的焉耆、龟兹、于阗等民族就有了自己的拼音文字。藏族在7世纪、维吾尔族在8世纪、蒙古族在13世纪、满族在17世纪先后创造了自己民族的文字。11世纪时，维吾尔族学者马赫穆德·喀什噶尔编纂的

《突厥语大词典》,以丰富的内容和很高的学术价值闻名于世。除满族外一直使用至今的有12个民族的15种文字,新中国成立后,又有10个民族创制了14种文字。[①]

在史学方面,我国各民族用各种民族文字写成的古文献之丰富,是世界各国少有的。如,于13世纪写成的《蒙古秘史》和后来的《蒙古源流》、《蒙古黄金史》,是著名的三大蒙古史著作。15世纪西藏史学家宣奴贝的《青史》,是研究藏族历史的信实史籍。17世纪的《满文老档》,是研究清史和满族史的珍贵文献。我国著名的《二十四史》中的《辽史》、《金史》、《宋史》,是由蒙古族史学家脱脱主持,由蒙古族、维吾尔族等多民族史学家共同完成的。

在文学方面,各兄弟民族都有相当多的文学成果注入中华文学宝库。11世纪维吾尔族学者玉素甫·哈斯哈吉甫的《福乐智慧》,是维吾尔族的早期文学巨著。藏族的《格萨尔王传》、蒙古族的《江格尔》和柯尔克孜族的《玛纳斯》,被誉为我国少数民族三大英雄史诗。满族杰出的文学家曹雪芹所著的《红楼梦》,是我国文学史上的巨著。蒙古

[①] 杨绍全,石农心:《民族问题与民族政策概论》,成都科技大学出版社1987年版,第45页。

族著名文学家尹湛纳希所著的《一层楼》、《泣江亭》，都是文学名著。在现代，满族文学家老舍所著的《骆驼祥子》、《四世同堂》、《茶馆》等，都成为中外人民所喜爱的名著。①

在艺术方面，我国各兄弟民族以能歌善舞著称于世，创造了许多具有浓郁民族风格的音乐、舞蹈、绘画、雕刻等艺术珍品。举世闻名的敦煌、云岗、龙门古窟中的雕刻和绘画，是我国汉、鲜卑、吐蕃、回纥和其他许多少数民族的艺术融会而成的文化宝库。唐代著名的《十部乐》，其中的西凉乐、龟兹乐等6部来自少数民族。古典音乐《十二木卡姆》是古代维吾尔族人民创作的民族音乐舞蹈史诗。我国乐坛上使用的笛、箫、琵琶、箜篌、胡琴、三弦、唢呐、腰鼓等，大多来自西部和塞北的少数民族。我国少数民族传统的民族舞蹈，内容丰富多彩，表演婀娜多姿，各具特色，源远流长，为全国人民所喜爱。

自然科学方面，在历史上，我国少数民族出现了很多有造诣、贡献很大的科学家。元代维吾尔族农学家鲁明善的

---

① 杨绍全，石农心：《民族问题与民族政策概论》，成都科技大学出版社1987年版，第46页。

《农桑衣食撮要》，是我国现存历史上第一部按月令体裁记载农事活动的农业专著。元代回族赡思整理修订的《重订河防通议》，是我国现存最早的一部水利专著。著名回族天文历法学家扎马鲁丁，在元大都建立观象台，制造了浑天仪、方位仪等七种天文科学仪器，他编著的《万年历》曾被元朝颁行。清代，蒙古族数学家明安图所著的《割圜密率捷法》，是我国用解析方法研究圆周率的第一部著作，他曾两次到新疆进行实地测量，用近代测绘方法制成了全国大地图——《皇舆全图》。藏医史上的著名古典文献《四部医典》，是8世纪时的著名藏医学家宇妥宁玛·元丹贡布等编著的。清末，彝族曲焕章发明的云南白药，被誉为百宝丹，流传至今。[①]

可见，我国各民族间的文化交流，源远流长。汉族古老的、先进的文化，如以四大发明为代表的先进技术，以经史典章为主体的诸子百家思想，以辞、赋、诗、文、传奇、杂剧为代表的文学艺术，以及医药、天文历算等，对各少数民族产生了极大的影响。各少数民族也以自己的民族文化影响着汉族，丰富和促进了汉族文化的发展。总之，各民族优秀

---

① 杨绍全，石农心：《民族问题与民族政策概论》，成都科技大学出版社1987年版，第47页。

的文化，熔铸成了中华各民族共同的精神财富。

第三节 中国国情的历史和现实

民族区域自治制度，是中国共产党把马克思主义理论与中国的具体国情相结合建立的，解决我国民族问题，处理民族关系，实现民族平等、民族团结、各民族共同发展繁荣的基本政治制度。民族区域自治制度是我们党和各族人民的一个伟大创造，主要依据是中国的历史发展与民族关系特点。

一、历史发展因素

中国自秦朝起，就已经成为中央集权的统一的多民族国家。在长达两千多年的历史发展中，虽然国内存在着民族压迫和民族歧视，各民族之间也曾经发生过各种各样的纷争，甚至兵戎相见，但是，无论是汉族统治者还是少数民族统治者，都以自己是整个中国的正统统治者自居。各族人民之间在经济、文化上的联系不仅从未间断过，而且随着历史的发展不断加强和发展，在长期的共同生活、共同劳动、共同发展中，各族人民形成了一个不可分割的居于世界民族之林的整体——中华民族。中国各民族共同创造了中华民族悠久的历史和灿烂的文化，共同缔造了我们伟大的祖国，在反分裂、反割据的斗争中，国家的统一不断向前发展，并得以巩固。这种历史上形成的中华民族的凝聚力和向心力，是民族关系的基本特点。

二、经济文化因素

由于我国国家的统一有两千多年的时间，各兄弟民族在经济发展和文化生活上虽然各有差异，或者说在发展水平上有先进落后的差别，但相互之间从来没有停止过交流和往来。即使在某种短暂的对峙、割据时，这种经济文化的交流和联系也没有中断过。汉族先进的生产技术不断为少数民族所掌握，少数民族的资源优势也弥补着汉族的不足。

当然，我们也必须看到，正如周恩来在《关于我国民族政策的几个问题》中所说："我国各民族的发展是不平衡的，这也是历史上来的，经济基础是这样，上层建筑也是这样。要想趋向平衡，就要各民族合作互助，不能孤立地讲发展。""必须民族合作"。实行民族区域自治，就解决了在民族地区经济文化发展上的互相帮助问题，使汉族对少数民族地区的支援、内地对边疆的支援成为可能，就能实现各民族的共同繁荣。

三、民族分布因素

我国的56个民族，在国家统一的长期历史发展过程中，由于多次的民族迁徙、屯田、移民戍边、经济文化交流以及朝代更迭等多种原因，形成了各民族既有交错聚居，又有杂居、散居的状况，形成了少数民族与汉族之间、少数民族与少数民族之间的各民族大杂居、小聚居、相互交错居住的分布局面。因此周恩来在《关于我国民族政策的几个问题》中强调指出："历史发展给我们造成……中国各民族杂居的条件。这种条件适宜于民族合作，适宜于实行民族区域自治。""不仅使聚居的民族能够享受到自治权利，而且使杂居的民族也能享受到自治权利。从人口多的民族到人口少的民族，从大聚居的民族到小聚居的民族，几乎都成了相当的自治单位，充分享受了民族自治权利。"

四、民族人口因素

新中国成立后，由于党和政府采取发展少数民族人口的政策，各少数民族的人口数都有了很大增长。据2010年第六次全国人口普查统计，55个少数民族的总人口数占全国人口总数的8.49%。少数民族中人口最多的是壮族，有1 000多万人，除主要聚居于广西外，还分布于云南、广东、贵州、湖南等省；在广西壮族自治区，壮族人口数占自治区总人口数的50%。回族人口也已超过1 000万，分布于全国1 000多个县市，宁夏回族自治区内的回族人口有100多万。人口数在10万以下的少数民族，只有19个。这种人口分布的实际情况，决定了我国适用民族区域自治的形式。正如周恩来在《关于我国民族政策的几个问题》中说的那样："一个民族不仅可以在一个地区实行自治，成立自治区，而且可以分别在很多地方实行自治，成立自治州、自治县和民族乡。"目前我国民族自治地方管辖的县、旗共589个，占全国县总数的31%。如回族，除设有自治区以外，还建立有回族自治州2个、回族自治县9个。有400多万人口的藏族，除设有西藏自治区外，还建立有藏族自治州9个，藏族自治县2个。

  我国少数民族的人口比例、结构及其分布特点，客观地决定了在我国只宜实行民族区域自治制度。

五、少数民族聚居的客观地理因素

我国的少数民族绝大多数聚居在祖国的边疆省、区，北疆是内蒙古人民的大聚居区；西北边疆是维吾尔族、哈萨克族、回族等少数民族的大聚居区；西南边疆的西藏和云南，是藏族、傣族等少数民族的聚居区；南疆的广西和海南，是壮族、瑶族、黎族等民族的聚居区；东北的黑龙江、吉林，主要聚居着满族、朝鲜族等少数民族。我国的陆地边境地区，几乎都是少数民族的聚居地区。在这样的地理环境条件下，只有实行民族区域自治，才有利于加强国防建设，反对民族分裂，巩固祖国的统一。

第四节 各族人民共同缔造和建立了中华人民共和国

一、共同缔造中华人民共和国

有着悠久历史和灿烂文明的中华民族，自鸦片战争之后，由于西方列强的大举入侵和清朝统治者的日益腐败，逐步沦为半殖民地半封建社会。半殖民地半封建社会的中国，在西方列强的坚船利炮的进攻下，一步步滑向内外战乱频仍、国家四分五裂、人民生灵涂炭的悲惨深渊。中国近代史是中华民族饱经磨难的历史，在民族生死存亡的紧要关头，中国各族人民为反对外来侵略和争取民族独立和解放，同仇敌忾、英勇奋斗、前赴后继、拼搏不息，谱写了中国近代史上可歌可泣的慷慨悲歌。

资本主义的产生和扩张，使中国在东方自成一个天地的时代结束了，中国独立的发展道路被阻断了。19世纪中叶，帝国主义在蹂躏了许多弱小国家和落后民族之后，一窝蜂前来瓜分中国。它们并不区别是汉族还是其他少数民族，而是对中国各民族整体加以歧视和奴役。亡国灭种的现实危险，使中国各民族的凝聚力极大地增强起来。长期以来以历史悠久和文化灿烂而自豪的中华民族，不得不为自己的生存进行艰难困苦地抗争。

在沿海和内地，各族人民共同参与了鸦片战争、太平天国运动、义和团运动和辛亥革命。在沿海和边疆地区，以少数民族为主，进行了保家卫国的壮烈斗争。1887年日军入侵台湾，在坚守石门要隘的战斗中，高山族领袖石禄父子率部数十人全部英勇献身；1874年滇西各族人民自己武装起来，将入侵的英国军队驱赶出国境；1878年新疆各族人民配合清朝军队，彻底消灭了侵略我国西北地区的帝国主义者——阿古柏集团；1904年英军入侵西藏，当地藏族、门巴族、珞巴族人民进行英勇抗击，一英军首领甚至惊呼，西藏人民的勇敢"是超等的"；1885年滇桂各族军民，在中越边境给法国远征军以毁灭性的打击，等等。

在民族危亡的紧急关头，中国共产党不仅集合了大批汉族革命者，也集合了大批少数民族共产主义战士。为推翻帝国主义、封建主义和官僚资本主义的统治，在中国共产党的领导下，中国各族人民开始了英勇的斗争。如中国共产党的创始人之一的邓恩铭，百色起义和右江根据地的领导者之一的韦拔群，红二方面军总政委关向应，红军著名将领罗炳辉，冀中回民支队司令员马本斋等。同时，还先后在湘鄂西、左右江、海南岛、内蒙古大青山、东北长白山等民族地区建立革命根据地，这其中也都得到了少数民族群众的支持和帮助。

特别是在红军处于危难的时刻，少数民族群众不惜牺牲，帮助红军克服困难。如，1935年，彝族人民掩护红军奇迹般地飞越大渡河；藏族人民用牦牛和糌粑支援红军过草地。红军所到之处，都在少数民族人民中播下了革命的火种，成立了以少数民族人民为主体的革命政权，如在1935年建立的甘孜州博巴政府，冕宁县革命委员会。红军长征途中，有上万计的苗族、瑶族、侗族、彝族、藏族、羌族、回族人民参加红军北上抗日。在抗日战争时期，许多少数民族青年，奔赴延安参加八路军，投身于抗日战争之中。解放战争时期，我国各族人民的革命激情更加高涨，从北到南，从东到西，全国各族人民全体奋起，彻底砸烂了帝国主义、封建主义和官僚资本主义在中国的统治，实现了各民族的彻底解放，建立了各民族平等、团结、友爱、合作的民族大家庭——中华人民共和国。①

中国革命的胜利，中华人民共和国的成立，标志着我国各族人民从外国帝国主义和国内反动统治阶级的压迫和奴役下获得了解放。全国各族人民为缔造伟大的、统一的多民族国家，立下了不朽的历史功绩。《共同纲领》明确宣布，中华人民共和国的国家结构形式，是单一制的多民族的统一的

---

① 杨绍全，石农心：《民族问题与民族政策概论》，成都科技大学出版社1987年版，第50页。

人民共和国，中华人民共和国是各民族团结友爱的大家庭。《中华人民共和国宪法》在序言中"以法律的形式确认了中国各族人民奋斗的成果"，"中华人民共和国是全国各族人民共同缔造的统一的多民族国家"。

二、共同建立了社会主义制度

中华人民共和国的成立，废除了帝国主义在中国的一切特权，结束了中华民族100多年来任人宰割、受人欺凌的屈辱历史。从此，中国人民扬眉吐气，少数民族的平等地位和权利得到了法律的保障。各民族相互信任，共同为祖国社会主义制度的确立，为祖国的社会发展与繁荣富强作出了自己的伟大贡献。

新中国诞生后，各民族劳动群众得到了解放（包括西藏的和平解放），党和政府依靠各族人民群众，肃清反动残余力量，战胜帝国主义的封锁、破坏和武装挑衅，巩固了新生的人民政权。在迅速医治战争创伤的同时，荡涤旧社会的污泥浊水。在各少数民族聚居地区先后完成了民主改革，废除了黑暗的封建地主制度、农奴制度和奴隶制度，民族经济得到了恢复，使各族人民过上了和平安宁的生活。在此基础上，根据不同民族、不同地区的不同情况，从各民族的实际情况出发，在条件成熟的前提下，采取不同的方式方法，先后完成了社会主义改造，和汉族地区一样，消灭了剥削制度和剥削阶级，各民族地区确立了社会主义制度，各族人民真正成为国家的主人，真正掌握了自己的命运。国家统一和各民族大团结的日益巩固和发展，使56个兄弟民族在根本利益一致的基础上，确立并不断发展了平等团结、互助和谐的社会主义民族关系。

只有社会主义才能救中国。这是中国各族人民从100多年来的切身体验中得出的不可动摇的结论，也是建国60多年来最基本的历史经验。尽管我国的社会主义制度还处于初级阶段，但是各民族地区在社会主义条件下，取得了旧中国根本不可能达到的成就。各族人民不仅基本解决了温饱问题，而且正在向小康生活迈进，显示了社会主义制度在民族地区的强大生命力。

在社会主义的国家政权建设中，各民族人民充分行使民主权利、参政议政、共商共决国家大事。在全国人民代表大会代表中，55个少数民族都有代表出席大会；在全国政治协商会议的委员中，每一个少数民族至少有一名委员。我国56

个民族的代表、委员共聚一堂，平等地一起选举和决定国家和政府的领导人，平等地行使修改宪法和制定法律的权力，这是世界上其他国家至今还未做到的。

在社会主义经济建设中，我国各民族和民族地区在加快自身经济建设的同时，积极参与、支援国家的经济建设，把民族地区的发展与国家富强联系在一起。国家在民族地区的重点建设项目，如铁路、航空航天基地、电站和大型矿藏的开采等，都得到了民族地区地方政府和少数民族人民的支持。特别是在保卫祖国边疆的安全和巩固国防的建设中，各族人民更是作出了不可磨灭的卓越贡献。

在改革开放和社会主义市场经济建设浪潮的推动下，民族地区的经济、教育、科技、文化、卫生、体育等事业不断得到发展，各族人民的民族自尊心、自信心、自强精神和爱国主义热情不断增强，在党的十八大精神的鼓舞下，各族人民为建设有中国特色的社会主义，把我国早日建设成为富强、民主、文明的社会主义国家而奋斗。

总之，历史的发展为中国各民族人民在统一的祖国大家庭中实行团结合作创造了条件；近代的革命斗争，特别是中国共产党领导的人民革命战争，又为各民族人民在统一的祖国大家庭里的合作奠定了基础。在中国实行民族区域自治，是中国长期革命斗争发展的必然结果，既有其历史的基础，又有现实的基础；既是维护国家统一和民族团结的需要，又是社会主义革命、建设事业发展的需要，更是改革开放、发展社会主义市场经济的需要。体现了各民族人民的共同愿望，反映了中国民族关系历史发展的必然趋势。中国共产党和人民政府正是在对这种客观规律的科学认识的基础上，把民族区域自治作为解决中国民族问题的基本政策和国家的基本政治制度。

第二章 民族区域自治的理论基础

第一节 中国历史上统治阶级的民族政策

一、恩威并用政策

恩威并用是统治阶级在民族关系上,把恩抚、怀柔的政策,与征伐、镇压的政策结合起来,兼而用之的政策。这是一种以威服之的政策,主要表现为战争征服、武力镇压、强行迁徙等。

公元前221年,秦灭六国。秦始皇建立了我国历史上第一个多民族的政权,统一了华夏地区淮水流域的东夷各族、长江流域的南蛮各族、粤桂闽浙一带的百越各族,还有西方的戎族,西南的巴蜀民族也直接在秦的管辖之下。秦把当时的北方匈奴当作敌国,不仅修长城,而且还调50万大军镇守边境。秦对南方的少数民族,如在今广西、广东、福建一带的越人地区,一般都设郡县进行统治,先后设置了桂林、象郡、南海、闽中四郡。对西南的巴蜀民族,则"优宠之",给他们的首领以较高的爵位。

汉是比秦更为强盛的朝代。刘邦进行战争50年,北破匈奴,南灭南越,西域服36城邦国家,西南在滇国和夜郎等地置郡,建立起一个东西9 300多里、南北13 000多里的强大国家。汉武帝所进行的战争,基本上是对少数民族的征服,但是,也不得不对北方的匈奴族采取宽宏的政策。

元朝是以武力而得天下的王朝,但在取得政权后,也并非一味使用武力,对不同民族、不同地区,也基本上是以恩威并用为原则。忽必烈进军云南,则采取招徕、安抚的政策,使一些民族首领先后归附;而对尚未归附的少数民族,则尽量避免使用武力征服,而采用"以理谕之"的怀柔政策。

三国时期,蜀国的民族政策,是恩威并用、攻心为上。明朝朱元璋明确地提出"治夷之道,必威德兼施"。[①]他对以元顺帝为首的蒙古贵族集团,主要依靠军事上的征讨,力求

---

① 《明太祖实录》卷一百四十九。

"以威服之"，同时又注意政治上的恩抚、怀柔，争取"以德服之"。他在《讨元檄文》中宣布："如蒙古、色目，虽非华夏族类，然同生天地之间，有能知礼义，愿为臣民者，与中夏之人抚养无异。"朱元璋还诫谕将士，对蒙古民众及其财物，勿杀勿掠，特别是对"凡元之宗戚，皆善待之"。[①]

清代从努尔哈赤统一女真各部开始，便确定了依靠蒙古贵族，对其他民族则恩威并用，收为羽翼，"顺者以德服，逆者以兵临"的政策。以此根据不同地区、不同民族的特点，承认各民族上层的世袭特权和原有的生活方式，并将其纳入清王朝的直接统治。清朝和以前的封建王朝一样，无论是以德服为主还是以威服为主，都是从维护和巩固其统治出发的。

恩威并用政策是历代封建统治阶级民族政策的一个基本政策，是其长期而普遍采用的所谓"治夷之道"。

二、和亲政策

和亲是封建统治者与少数民族首领之间，以及各少数民族首领之间，彼此具有一定政治目的的联姻。从西汉以来，

---

① 《明太祖实录》卷二十一。

中国历代王朝的统治阶级,从各自的利益出发,把和亲作为一项民族政策,用以调整民族关系,巩固其封建统治。

和亲是处理民族关系的政策之一,是统治者双方订立政治盟约的一种形式。它的实施既受当时政治形势的制约,又服务于统治者的政治利益。无论当时统治者的主观愿望如何,和亲政策在客观上导致了统治者之间和各民族人民之间在一个时期内的友好关系,在历史上不同程度地起到了一定的积极作用。比如,缓和一些民族间的矛盾,减少了战争,为各民族之间的友好交往提供了有利的条件;带来了社会的相对安定,有利于各民族生产的发展,促进了各民族之间经济文化的繁荣,有利于社会生产力的进步。

三、民族同化政策

民族同化政策,是历史上统治民族的统治阶级所采用的一种强迫被征服和被统治的民族,放弃原有的语言、文化和风俗习惯等,而采用统治民族的语言、文化和风俗习惯,从而达到消灭被征服和被统治民族的民族特征,以实现巩固其统治目的的政策。它是统治阶级利用其统治权力,采用各种强制手段,制造各种有利于民族同化的条件,以达到民族同化的目的。

在我国历史上，统治阶级为达到其同化被统治民族的目的，先后采用过多种形式和手段，其中最常见的形式是强迫迁徙。强迫迁徙一般有两种形式：一种是把中原汉人迁往边陲，如秦始皇迁50万汉人到当时的南越地区；另一种是把边疆民族迁往内地，如乌桓被迁到中原，东瓯、闽越被迁到江淮之间等。

以经济手段进行同化也是常见的形式。如历史上汉族统治者为"化胡虏为农民"，将游牧民族迁到内地；北魏、元、清王朝的民族统治者，把南方的农田辟为牧场，强制推行游牧生产，企图以此来同化汉族。

强制进行语言、文化、习俗方面的同化，更是屡见不鲜。如王莽强迫匈奴改用汉式单名；金世宗强迫汉人学习女真文；清世祖强制汉人易服、剃发梳辫；朱元璋禁止蒙古族人民"自相嫁娶"等。①

---

① 杨绍全，石农心：《民族问题与民族政策概论》，成都科技大学出版社1987年版，第79—80页。

第二节 无产阶级解决民族问题的原则和政策

一、无产阶级解决民族问题的原则

无产阶级取得政权后，在解决民族问题时必须坚持以下两个原则：

（一）坚持国家的集中和统一原则

马克思主义从社会发展和无产阶级革命的利益出发，强调在多民族国家里，必须坚持"单一而不可分的共和国"的原则，"无产阶级只能采取单一而不可分的共和国的形式。"[1] "只要各个不同的民族组成统一的国家，马克思主义者决不主张实行任何联邦制原则，也不主张实行任何分权制。中央集权制的大国是从中世纪的分散状态走向将来全世界社会主义的统一的一个巨大的历史步骤，除了通过这种国家（同资本主义有密切联系的国家）以外，没有也不可能有其他走向社会主义的道理。"[2]

---

[1]《马克思恩格斯全集》，人民出版社2001年版，第22卷第275页。
[2]《列宁全集》，人民出版社1965年版，第20卷第29页。

马克思主义在解决民族问题上，之所以要坚持统一而不可分的共和国，坚持民主集中制，是因为这种国家符合整个社会发展的要求，有利于经济的发展，有利于无产阶级的革命事业。在这种国家里，无产阶级可以在更大范围内，更大规模地组织自己的阶级力量和阶级队伍，可以有更加广阔的活动场所，使自己在同资产阶级的斗争中有更多的回旋余地。

（二）主张各民族一律平等的原则

马克思主义所主张的民族平等，是指一切民族的平等，是全世界所有民族的平等。它要求各民族在一切权利方面的完全平等，并无条件地保护一切少数民族的权利，"决不容许一个民族享有任何特权"。[1]它要求原先处在压迫或统治地位的民族的无产阶级，不仅要遵守形式上的民族平等，而且要采取各种措施，照顾、帮助、直至牺牲自己的某些利益去保障和实现少数民族在事实上的平等。列宁指出："压迫民族……的国际主义，不仅在于遵守形式上的平等，而且在于压迫民族即大民族要以对待自己的不平等来抵偿生活上实际形成的不平等。谁不懂得这一点，谁就不懂得对于民族问题

---

[1] 《列宁全集》，人民出版社1965年版，第19卷第100页。

的真正无产阶级态度……"①

民族平等在剥削制度下是不可能实现的。马克思主义把民族平等的实现，寄托于无产阶级社会主义革命的胜利。民族平等只能建立在消灭剥削制度、消灭阶级的基础之上。阶级消灭了（首先是消灭剥削阶级，而后是消灭一切阶级差别），也就从根本上消灭了产生民族压迫和民族不平等的社会根源。

马克思主义认为，各民族都是人类物质财富和精神财富的创造者。他们对人类历史、文化的发展都作出了应有的贡献，因而每个民族同其他任何民族都应当是平等的。每一个民族，不论其大小，都有它自己的，只属于它而其他民族所没有的本质上的特点、特殊性，这些特点便是每一民族在世界文化共同宝库中所作的贡献。在这个意义上，一切民族，不论大小，都处于同等的地位，每个民族都是与其他任何民族平等的。谁不承认和不坚持民族平等，不同各种民族压迫或不平等作斗争，谁就不是马克思主义者。

---

① 《列宁全集》，人民出版社1965年版，第36卷第631页。

二、中国共产党解决民族问题的政策

中国共产党的民族政策,是中国共产党为解决中国民族问题而规定的、各族人民都应遵循的行动准则。

其核心是关心和帮助各少数民族在政治、经济、文化上的全面发展。

(一)民族平等政策

民族平等是我国解决民族问题和处理民族关系的一项根本政策。各民族不论大小强弱,不论先进落后,在一切权利方面都应当完全平等,不允许哪一个民族享有特权。

早在中国共产党的第二次全国代表大会的宣言中,就提出了"尊重边疆各族人民的自主权利"的主张。1934年,毛泽东在第二次中华全国苏维埃代表大会上进一步指出:"民族的压迫基于民族的剥削,推翻这个民族剥削制度,民族的自由联合就代替民族的压迫。"在1935年红军长征途中,党中央庄严宣布"实行中国境内各民族一律平等"的政策。中华人民共和国成立后,党中央和中央人民政府更加强调实行民族平等的政策。

《共同纲领》规定:"中华人民共和国境内各民族,

均有平等的权利和义务。""境内各民族一律平等"。1952年，中央人民政府政务院颁布了《中华人民共和国民族区域自治实施纲要》和《关于保障一切散居的少数民族享有民族平等权利的决定》。毛泽东对少数民族人士谈话时说："共产党实行民族平等，不要压迫剥削你们，而是要帮助你们；帮助你们发展人口、发展经济和文化。"1975年《宪法》、1978年《宪法》和1982年《宪法》，都明确规定："中华人民共和国各民族一律平等。"

民族平等是对民族压迫和民族歧视的坚决否定，是人类最崇高精神的体现。社会主义中国坚持实行的民族平等政策是彻底的：第一，全国所有民族，不论其人口多少和经济文化发展水平高低，在政治上和社会上一律平等；第二，每个公民，不论属于哪个民族，在权利和义务上是完全平等的；第三，不但坚持各民族在政治上和法律上的完全平等，而且努力创造条件，以实现各民族事实上的平等。[①]

在我国，民族平等是全面的：在政治上，国家禁止对任何民族的压迫和歧视。各民族选举自己的代表到各级权力机

---

① 杨绍全，石农心：《民族问题与民族政策概论》，成都科技大学出版社1987年版，第147页。

关——人民代表大会,参与国家事务和地方性事务的管理,行使国家主人的平等权利。在文化上,国家保障各民族享有使用和发展自己的语言文字的权利,享有保持和改革自己风俗习惯的权利,保障各民族公民的宗教信仰自由,国家创造条件发展各民族的文化。在经济上,国家以大量的财力、物力和人力支持少数民族地区的经济建设,并且采取各种特殊政策和措施,加速改善各民族人民的物质文化生活水平,使他们尽快富裕起来,实现各民族的共同繁荣。[①]

(二)民族团结政策

国内各民族的团结,这是我们的事业一定取得胜利的基本保证。《共同纲领》规定:"禁止民族歧视、压迫和分裂民族团结的行为。"中国是一个古老的国家,在民族关系上,有各民族人民之间团结友好的传统,它保持着我们国家长期的统一。毛泽东说:"我们要和各民族讲团结,不论大的民族小的民族都要团结。"民族团结政策是民族平等政策的延伸,这一政策不仅早在《民族区域自治实施纲要》中作了明确规定,并且写入历次《宪法》。坚持实行民族团结政策,保障了我们祖

[①] 杨绍全,石农心:《民族问题与民族政策概论》,成都科技大学出版社1987年版,第155页。

国的统一，保证了各民族的互助合作和共同繁荣。

（三）实行民族区域自治政策

民族区域自治是中国共产党运用马克思列宁主义解决我国民族问题的基本政策，是国家的一项基本政治制度。这个制度经过60多年的实践检验，证明它是适合我国国情的正确制度。彭真在1982年12月26日《关于中华人民共和国宪法修改草案的报告》中明确指出："在统一的国家内实行民族区域自治，既能保障各少数民族的合法的权利和利益，加速各少数民族地区经济和文化的发展，又能抵御外来的侵略和颠覆，保障整个国家的独立和繁荣。"因此，周恩来在《关于我国民族政策的几个问题》报告中再次重申，我们"根据中国民族历史的发展、经济的发展和革命的发展，采取了最适当的民族区域自治政策"。

第三节　我国解决民族问题的基本政治制度

一、民族区域自治

马克思主义从社会发展和无产阶级革命的利益出发，坚持建立集中统一的大规模国家的原则。列宁指出:"我们深信,在其他条件相等的情况下,大国比小国更能顺利地解决发展经济的任务,解决无产阶级同资产阶级斗争的任务。"①但是,大国往往又是多民族的国家,在多民族国家中如何既能保证国家的集中统一,又保证多民族特别是少数民族的平等地位和当家做主参与管理国家的、地方的和本民族内部事务的平等权利呢?这就要让少数民族实行区域自治。列宁说,马克思主义者坚持民主集中制,但是,"民主集中制不仅不排斥地方自治和具有特殊的经济和生活条件、特殊的民族成分等等的区域自治,同时,它必须既要求地方自治,也要求区域自治"。②自治是"具有复杂民族成分和极不相同的地理等等条件的民主国家的一般普遍原则"。可见,在统一的多民族国家中,实行民族区域自治,是马克思主义的一个纲领性原则。

一般来说,各个国家都是根据自己的国情,选择适当的政治形式来解决本国的民族问题。中国共产党根据我国的国情,最终确定以民族区域自治作为解决我国民族问题的基本

---

① 《列宁全集》,人民出版社1965年版,第20卷第271页。
② 《列宁全集》,人民出版社1965年版,第20卷第20页。

政治形式。所谓民族区域自治,是在国家统一领导下,各少数民族聚居的地方实行区域自治,设立自治机关,行使自治权。我国的民族区域自治不是超地域的或与地域无关的"民族自治",而是以少数民族聚居区为基础的自治;是民族自治与区域自治的正确结合,是经济因素与政治因素的正确结合;不仅使聚居的民族能够享受到自治权利,而且使杂居的民族也能够享受到自治的权利,这样的制度是史无前例的创举。

我国的民族自治地方不是"邦",也不是"加盟共和国",而是在国家统一领导下的地方行政区域,各民族自治地方都是整个国家不可分离的部分。我国民族自治地方的自治权,是通过自治机关来行使的,自治机关在中央政府的统一领导下,既行使同级一般国家机关的职权,又行使自治权。

实践证明,中国实行民族区域自治是正确的,已为中国各族人民所赞同,并已在中国土地上生根、开花、结果。

二、民族区域自治制度的优越性

60多年来的实践经验证明,在我国实行民族区域自治符合国情，民族地区政治稳定、经济发展、文化进步，各民族的特殊性获得了充分的显示。《民族区域自治法》对这一制度所具有的优越性，在序言中作出了法律形式的肯定和概括：

（一）巩固国家的统一和边防建设，抵御外来侵略和颠覆

中华人民共和国是一个统一的多民族国家，按照《中华人民共和国宪法》和《民族区域自治法》的规定，民族区域自治是在国家统一领导下，各少数民族聚居的地方都是中华人民共和国不可分割的部分；都要接受国家的统一领导；各民族自治地方，既要保证国家的法律、法令、方针、政策在本地方的贯彻执行，又享有宪法和法律赋予的各种自治权利；民族区域自治把国家的集中统一和民族自治地方的自主管理、平等、团结、互助结合了起来。

我国幅员辽阔，民族聚居区又大多分布在祖国的边疆，地处边防前哨。因此，实行民族区域自治，对于巩固国防、维护祖国的领土完整和国家主权不受侵犯，具有重要意义。我国边境各族人民，在民族自治地方党政机关的领导下，为保卫祖国的边防，保障社会主义现代化建设的顺利进行，积极配合边防部队，为反对帝国主义的武装侵略、干扰和破坏

活动，进行了英勇的斗争。各民族人民紧密地团结在祖国的大家庭里，共同为反对国外敌对势力对祖国的颠覆和内部敌对分子的分裂破坏活动而斗争，保证了民族自治地方在国家统一领导下的巩固和发展，凝聚了边疆各族人民热爱祖国和自觉维护祖国统一的向心力。

（二）促进平等团结互助和谐的社会主义民族关系的确立和发展

我国的社会主义民族关系是社会主义制度的必然产物，是历史上最进步的、新型的民族关系。民族关系的正确调整，需要有相应的制度和法律，规定与之相适应的权利和义务，并通过一定的形式予以实现。民族区域自治制度及其法律规范，正是确立和发展社会主义民族关系、正确调整我国民族关系的一种最好的形式。我国的民族区域自治，赋予了民族自治地方更多的自治权。同时，国家采取各种有效措施，帮助民族自治地方实现其自治权，确保少数民族人民在管理国家事务和民族自治地方事务中的当家做主地位。

实践证明，民族区域自治正确地处理了汉族与少数民族之间、各少数民族相互之间的关系，使平等团结互助和谐的社会主义民族关系得到巩固和发展；各民族互相尊重，互相帮助，进一步发展了各民族之间的兄弟情谊，保证和发展了全国安定团结的政治局面。

（三）促进少数民族地区的经济发展和各民族的共同繁荣

早在20世纪50年代，周恩来就指出："我国各民族的发展是不平衡的，这也是历史上来的，经济基础是这样，上层建筑也是这样。要想趋向平衡，就要各民族合作互助。""在中国这个民族大家庭中，我们采取民族区域自治政策，是为了经过民族合作、民族互助，求得共同的发展、共同的繁荣。""我们民族大家庭采取民族区域自治制度，有利于我们普遍地实行民族区域自治，有利于我们发展民族合作、民族互助。我们不要想民族分立，更不应该想民族'单干'。这样，我们才能够真正在共同发展、共同繁荣的基础上，建立起我们宪法上所要求的各民族真正平等友爱的大家庭。"

60多年来，特别是改革开放以来，我国民族地区的经济面貌发生了巨大变化，对外开放的步伐加快，边境贸易取得了突破性进展。少数民族群众基本上解决了温饱问题，一部分人已经开始过上比较富裕的生活。少数民族和民族地区的教育、科技、文化、卫生、体育等事业也有了很大发展。这些成就的取得，最基本的经验，就是我们党始终把马克思主义的基本原理同中国民族的具体实际相结合，坚持各民族平等、团结原则，坚持实行民族区域自治制度，在建设社会主义事业中促进各民族的共同繁荣，走出了一条具有中国特色的解决民族问题的正确道路。

（四）保证各种不同聚居情况的少数民族都能行使区域自治权利

我国的民族区域自治制度，采取适合各民族特点的办法，充分照顾了各民族的实际情况。"分别情况，成立自治区、自治州、自治县或者民族乡，使所有少数民族不论聚居或者杂居，都能实行真正的自治。"这就充分考虑到了我国各民族的大杂居、小聚居的特点。据此，《民族区域自治法》规定："少数民族聚居的地方，根据当地民族关系、经济发展等条件，并参酌历史的情况，可以建立一个或者几个少数民族聚居区为基础的自治地方。"这就使得全国少数民族地区，根据不同民族的聚居情况建立起民族自治地方，行使自治权。

总之，中国革命、建设、改革和发展的经验证明，民族区域自治是我国各少数民族人民在中国共产党的领导下，根据我国的革命经验和实际情况所作的历史选择，符合中国国情，是解决我国民族问题的基本政治制度。实践证明，民族区域自治保障了祖国的统一和人民民主政权的巩固，保障了各少数民族人民的平等权利；它促进了各民族之间平等、团结、互助的社会主义民族关系的发展，促进了我国社会主义建设、改革和各民族的繁荣昌盛。随着我国社会主义事业的发展，其优越性将越来越充分地显示出来。[①]

---

① 杨绍全，石农心：《民族问题与民族政策概论》，成都科技大学出版社1987年版，第182页。

第三章 民族区域自治的指导思想和基本原则

第一节 民族区域自治理论的指导思想

民族区域自治理论的形成和完善始于社会主义建设的新时期,不可能不具有属于这个历史时期的特点。其所反映的时代特点,就是服从、服务于"以经济建设为中心,坚持四项基本原则,坚持改革开放"的基本路线,坚持"一个中心,两个基本点",也是民族区域自治理论的总的、根本的指导思想。

事实也正是这样,民族区域自治理论的核心《民族区域自治法》规定:"民族区域自治地方的各族人民和全国人民一道在中国共产党的领导下,在马克思列宁主义、毛泽东思想的指引下,坚持人民民主专政,坚持社会主义道路,集中力量进行社会主义现代化建设,加速民族自治地方经济、文化的发展,建设团结、繁荣的民族自治地方,为各民族的共同繁荣,把祖国建设成为高度文明、高度民主的社会主义国家而努力奋斗。"这里重申了《宪法》规定的指导思想:"加速民族自治地方经济、文化的发展。"内在地要求改革束缚生产力发展的经济体制,建立起充满生机和活力的社会主义经济体制。

一、坚持以经济建设为中心

现阶段我国社会的主要矛盾是人民群众日益增长的物质文化需要同落后的社会生产之间的矛盾。我国的民族问题比较集中地表现为少数民族和民族地区迫切要求改变落后的面貌,加速经济、文化的发展。加速民族自治地方经济、文化的发展,有利于实现各民族共同繁荣,彻底解决我国的民族问题;有利于充分发挥民族自治地方"地大物博"的优势,促进国家建设总体目标的实现;有利于加强边疆建设,巩固国防。基于此,《民族区域自治法》把发展经济、文化建设作为民族自治地方的历史使命,规定自治地方的自治机关在社会主义市场经济建设时期的总任务是"领导各族人民集中力量进行社会主义现代化建设"。还规定了自治机关在社会主义现代化建设过程中，采取适合本地实际情况的特殊政策和灵活措施的权利，规定了上级国家机关帮助并领导民族自治地方发展经济、文化、教育事业的职责等，凡此种种，旨在为推动民族自治地方的现代化建设，使之尽快改变昔日贫穷和落后的面貌，走向共同繁荣。改革开放的总设计师邓小平曾经指出，不把经济搞好，民族区域自治就是空的。民族区域自治归根结底是要以经济建设为中心，加快民族自治地方的经济建设。

二、坚持四项基本原则

坚持四项基本原则，即坚持社会主义道路，坚持人民民主专政，坚持共产党的领导，坚持马克思列宁主义、毛泽东思想。四项基本原则规定了我们国家的社会主义性质：人民民主专政的国体，共产党的领导地位，马克思列宁主义、毛泽东思想的指导地位。这些根本性的政治原则，是全国各族人民团结前进的政治基础，是进行社会主义市场经济和现代化建设的根本保证，也是民族区域自治理论的灵魂。离开四项基本原则，就没有中国特色的民族区域自治理论、政策和实践。

坚持社会主义道路，包括坚持社会主义的政治、经济和文化教育制度，这是全国各族人民的共同根本利益所在，它像一条坚实的纽带维系着社会主义的民族关系。民族区域自治理论反映少数民族坚持社会主义道路的愿望，不仅明确规定自治地方工作的中心是社会主义市场经济和现代化建设，而且通过其他一系列政策，保障各民族自治地方根据自己的情况和特点开展社会主义市场经济建设。

坚持工人阶级领导的、以工农联盟为基础的人民民主专政是建设中国特色的社会主义、争取社会主义完全胜利的重要保证。民族区域自治制度，是我国人民民主制度在少数民族地区的具体表现形式，是各少数民族人民参与管理国家大事和管理本民族内部事务，行使当家做主权利的最好的制度。一方面维护各民族的平等权利和各民族人民的主人公地位，一方面确定民族自治地方人民法院和人民检察院的领导体制，从而强化了人民民主专政。

工人阶级对人民民主专政的社会主义国家的领导、对社会主义建设事业的领导，是通过它的先锋队——中国共产党的领导来实现的，没有中国共产党的领导就没有各民族的解放和平等，就没有各民族的共同繁荣和发展。坚持党的领导，集中表现为坚定不移地贯彻执行党的路线、方针和政策。在长期的实践中，我党形成了有关解决民族问题的一整套理论和政策，如，社会主义阶段是各民族共同繁荣发展的时期；现阶段的民族问题要在建设中国特色社会主义共同事业中逐步解决；各民族一律平等，共同维护祖国大家庭的团结和统一；大力发展社会生产力是社会主义时期民族工作的根本任务；各民族要互相帮助，实现共同进步和繁荣；以及民族区域自治是解决我国民族问题的基本政治制度，等等。

在这些原则指导下的理论和政策，照亮了各族人民前进的道路，民族自治地方的现代化建设不断取得新的、更大的成就。《民族区域自治法》把党的民族政策法律化，反映了时代的要求，表达了各族人民的心声，保证了党对民族工作的组织和领导，同时也保证了民族自治地方现代化建设的社会主义性质和方向。

三、坚持改革开放和发展社会主义市场经济

改革开放是强国之路，发展社会主义市场经济是实现各民族共同繁荣的必由之路。任何一个民族，要生存、要发展、要进步，必须坚持改革开放，向发达的民族、地区和国家学习。

处于现代化建设和改革开放的历史时期，坚持改革开放，不断增强少数民族和民族地区的自我发展活力，对于加速本地区的发展和繁荣，发展和完善社会主义民族关系尤为重要。发展社会主义市场经济，依据《宪法》和《民族区域自治法》赋予的自治权利，民族自治地方的自治机关根据法律规定和本地方经济发展的特点，合理调整生产关系，改革经济管理体制。同时，上级国家机关通过组织和支持经济发达地区与民族自治地方开展经济、技术协作，帮助和促进民族自治地方提高经济管理水平和生产技术水平，为民族地区向国内比较发达的地区开放，加强多层次的横向经济联系提供了制度保障。民族自治地方依照国家规定或经国务院批准，开展对外经济贸易活动，开辟对外贸易口岸，开展边境贸易，开拓了民族自治地方改革开放和发展社会主义市场经济的新格局。

第二节 民族区域自治理论的基本原则

一、维护祖国统一和实行民族区域自治相结合

维护国家的统一和实行民族区域自治相结合，是调整

国家的统一与民族区域自治、上级国家机关和民族自治地方关系的基本原则。《宪法》规定："各少数民族聚居的地方实行区域自治，设立自治机关，行使自治权。各民族自治地方都是中华人民共和国不可分离的部分。"据此，民族区域自治理论的核心——《民族区域自治法》，作了几个方面的重要规定：其一，民族自治地方的人民代表大会和人民政府，是行使自治权的自治机关；自治机关是国家的一级地方政权机关，它有地方国家机关应尽的职责，必须服从国家的统一领导。其二，上级国家机关必须保障民族自治地方的自治机关行使自治权；民族自治地方的自治机关要把国家的整体利益放在首位，积极完成上级国家机关交给的各种任务。其三，民族自治地方的自治机关必须维护国家的统一，保证宪法和法律在本地方的遵守和执行；自治地方的自治机关有权依照当地民族的特点，制定自治条例和单行条例等。《宪法》和《民族区域自治法》的这些规定，既防止了只强调国家的统一，忽视或否定民族区域自治的错误倾向，又防止了只讲"自治"，忽视国家统一的错误倾向，确立了统一和自治的辩证关系的法律准绳。

坚持国家统一和实行民族区域自治相结合，是中国共产党运用马克思列宁主义的民族理论创造性地解决民族问题的范例。列宁指出:"恩格斯同马克思一样,从无产阶级和无产阶级革命的观点出发坚持民主集中制,坚持统一而不可分割的共和国。""民主集中制不仅不排斥地方自治和具有特殊的经济和生活条件、特殊的民族成分等等的区域自治,同时,它必须既要求地方自治,也要求区域自治。"①这表明,对于一个统一的多民族的国家,在无产阶级革命胜利后,马克思列宁主义原则主张实行民主集中制,在统一的共和国内实行民族区域自治。

我国是一个有着悠久历史的统一的多民族的国家,各民族有着相互依存的经济、文化交往。近代以来,各民族在抵御外来侵略的长期革命斗争中结成了休戚与共的关系;改革开放、建设繁荣富强的社会主义国家的共同利益,把中华民族大家庭中的成员紧密地联系在一起,"统一"成为愈来愈强大的历史潮流和时代潮流。没有国家的统一,便没有各民族的解放,更不可能实现建设"美丽中国"和"中国梦"的愿景。实行统一国家内的民族区域自治,共同建设中华、振兴中华,已经在全国各族人民中形成共识。当然,也只有各

---

① 《列宁全集》,人民出版社1965年版,第25卷第21页。

少数民族都实现了当家做主、管理本民族内部事务的权利，经济社会不断发展，我们这个多民族国家的向心力和凝聚力才会不断增强。所以一定要把维护祖国统一和实行民族区域自治的辩证关系处理好。

二、保证民族自治地方自治机关充分行使自治权

保证民族自治地方自治机关充分行使自治权，是调整各民族自治地方和非自治的一般地区，以及各民族自治地方之间关系的基本原则。我国地域辽阔，民族众多。在漫长的历史演化过程中，少数民族聚居地区与汉民族聚居地区的发展不平衡，在经济条件、文化传统、风俗习惯、人口分布和生活环境等方面形成各自的特点。同样，各少数民族聚居地区的发展也不平衡，在经济条件、文化传统、风俗习惯、人口分布和生活环境等方面也有各自的特点。以经济发展水平而论，少数民族地区比一般汉族地区特别是东部沿海发达地区落后，当然发展程度并不相同。为了调动自治地方各族人民的积极性，必须兼顾国家即各民族的根本利益和各自治地方少数民族的特殊利益；为了使少数民族聚居地区能够按照本

地的情况和特点建设社会主义，必须通过法律确立民族自治地方的自治机关自主管理本民族、本地方内部事务的权利。基于此，《宪法》规定："国家保障各少数民族的合法权利和利益"并赋予了民族自治地方的自治机关以广泛的自治权。根据《宪法》规定的精神，《民族区域自治法》用专章更加明确、具体地规定了民族自治地方的自治机关所享有的自治权。民族自治地方的自治权包括：立法自治权、语言文字自治权、人事管理自治权、经济管理自治权、财政管理自治权、文化教育管理自治权以及依法组织地方公安部队的自治权等。这不仅考虑和照顾到了民族自治地方和非自治的一般地区在经济、文化等方面的差异，也考虑和照顾到了各民族自治地方之间在经济、文化等方面的差异。同时，《民族区域自治法》关于自治权的规定，还突出了民族自治地方的自治机关自主管理和安排地方性建设的权利，所规定的自主权中，经济建设方面有8项，财政方面有5项，文化教育方面有5项。《民族区域自治法》用法律形式把这些权利固定下来，有利于加速民族地区经济文化事业的发展，实现国家富强、民族繁荣的目标。

三、发展和完善平等、团结、互助、和谐的社会主义民族关系

发展和完善平等、团结、互助、和谐的社会主义民族关系,是调整民族自治地方内民族关系的原则,当然也是适用于调整国内各民族之间关系的基本原则。《民族区域自治法》坚持和体现了这一原则。

《宪法》在明确规定中华人民共和国是全国各族人民共同缔造的、统一的多民族国家的同时,又规定,维护和发展社会主义民族关系是国家的一项基本方针。《民族区域自治法》重申了《宪法》有关调整民族关系的基本原则,并就国家机关如何调整民族关系,主要是民族自治地方自治机关如何调整民族自治地方内的民族关系作出了许多具体的规定。如第九条:上级国家机关和民族自治地方的自治机关维护和发展社会主义民族关系。禁止对任何民族的歧视和压迫,禁止破坏民族团结和制造民族分裂的行为。第四十八条:民族自治地方的自治机关保障本地方内各民族都享有平等权利。民族自治地方的自治机关团结各民族的干部和群众,充分调动他们的积极性,共同建设民族自治地方。此外还规定:保

障自治机关内实行区域自治的民族和其他少数民族应有的代表性；自治机关保障民族自治地方的各民族都有使用和发展自己语言文字的自由；自治机关保障各民族公民有信仰宗教的自由；以及自治机关对本地方各民族公民进行爱国主义、社会主义和民族政策的教育，教育各民族的干部和群众互相信任、互相学习、互相帮助，以及互相尊重语言文字、风俗习惯和宗教信仰，共同维护国家的统一和各民族的团结等。这些规定从不同侧面体现了维护和发展汉族与各民族自治地方实行区域自治的民族之间，以及民族自治地方内实行区域自治的民族与本地方内其他民族之间的平等团结互助和谐的民族关系的原则。

为了维护和发展社会主义新型民族关系，《宪法》规定，要反对大民族主义，主要是大汉族主义，也要反对地方民族主义。《民族区域自治法》充分体现了《宪法》的这一精神，并且还规定防止民族自治地方实行区域自治的民族、或在一个地区居于主要地位的少数民族，在对待其他民族的关系上的大民族主义。

在中国，坚持民族平等、坚持民族团结，一个最实质性的要求是实现各民族的共同繁荣。《宪法》明文规定："国家尽一切努力，促进全国各民族的共同繁荣。"《民族区域自治法》进一步从两方面作出规定：一方面是民族自治地方的自治机关团结各民族的干部和群众，发扬自力更生、艰苦奋斗精神，努力发展本地方的社会主义建设事业；另一方面是上级国家机关依据民族自治地方的特点和需要，努力帮助民族自治地方加速发展社会主义建设事业，包括组织和支持国内经济比较发达地区，特别是东部地区与自治地方开展经济技术协作。

民族平等是民族团结的前提，民族团结是保障民族繁荣发展的条件，各民族共同发展繁荣是民族平等、团结的目标。民族平等、团结和各民族共同发展繁荣互为条件，彼此结合，共同构成一条完整的原则。贯彻执行这一原则，能够维护边疆的安定团结，加强全国各族人民的团结、合作，促进民族自治地方和其他非民族自治地区共同发展，有利于国家繁荣昌盛与中华民族的伟大复兴。

第四章　民族区域自治的法律保障

第一节　民族区域自治法的内涵

一、民族区域自治法的概念

民族区域自治理论的核心是民族区域自治法。民族区域自治法是指调整民族区域自治地方政治、经济、文化、社会、环境等各方面社会关系，保障少数民族平等、自治权利的法律。民族区域自治法是社会主义经济基础的上层建筑，它反映了我国各族人民在解决民族问题上的共同意志和利益，是党和国家处理民族问题的基本政治制度的集中表现。在我国，就民族区域自治法概念的外延情况看，民族区域自治法有广义和狭义之分。所谓广义的民族区域自治法指包括《民族区域自治法》在内的许多调整民族区域自治关系、保障《民族区域自治法》的贯彻实施的法律规范的总和。如关于散居的未实行区域自治的少数民族的法律规定；各民族自治地方颁布的关于执行《民族区域自治法》的变通或补充规定，以及有关民族区域自治的单项条例。所谓狭义的民族区域自治法就是单指现行的《民族区域自治法》。

关于我国的《民族区域自治法》，可以从以下几个方面作一些分析说明：首先，从民族区域自治法的调整对象看，民族区域自治法的调整对象具有复杂性，既包括国家与民族自治地方的关系，又包括民族自治地方与非民族自治地方的关系，还包括民族自治地方内部各民族之间的关系。在这一系列的社会关系中，最重要的是要处理好国家统一领导与自治地方自治权行使的关系，汉族与少数民族的关系也是不容轻视的一个方面。其次，从民族区域自治法的法律关系主体看，其主体具有特殊性。法律关系的主体是法律关系的参加者，是在法律关系中享有权利并承担义务的自然人和法人。民族区域自治法法律关系的主体，可以是各民族的公民、社会团体和国家机关，这一点和其他法律关系的主体一致。所不同的是，民族区域自治法法律关系的主体主要还是少数民族，国家不但保障少数民族公民个人的平等权利，而且保障作为整体的各民族的平等地位。56个民族，不分大小，都是国家的主人，在中华人民共和国领域内享有平等权利、承担相应义务。最后，从《民族区域自治法》的立法原则看，其立法原则具有特殊性。与我国其他法律一样，《民族区域自治法》必须坚持以马克思列宁主义、毛泽东思想为根本指导思想，坚持四项基本原则，有利于巩固人民民主专政和社会主义制度，这是一切法律都应当遵循的立法原则。与此同时，《民族区域自治法》也有自己特殊的立法原则，即原则性和灵活性相结合的原则，民族平等的原则，各民族共同繁荣的原则，尊重少数民族特殊性的原则等。这些原则是与其他法律部门的立法原则的相异之处。此外，《民族区域自治法》作为我国建国以来最完善的一部有关民族区域自治的法律，还具有鲜明的时代特点、法律结构完备化特点及法律内容综合性特点等。总之，《民族区域自治法》是社会主义新时期调整民族关系的重要法律，是实行民族区域自治制度的章程。一切民族自治地方的各民族人民、国家机关、社会团体和企事业单位，都必须认真贯彻和遵守《民族区域自治法》。[①]

[①] 胡中安等：《民族区域自治法学》，中央民族大学出版社1994年版，第40页。

二、民族区域自治法的调整对象

民族区域自治是在国家统一领导下,各少数民族聚居的地方实行区域自治,自己管理本民族的内部事务。实行民族区域自治制度,首先,涉及到的是国家统一领导和民族自治地方行使宪法赋予的自治权的关系,即统一和自治的关系。其次,各民族自治地方的情况千差万别,社会经济发展极不平衡,尤其与汉族地区相比,差别更大,因而又有一个一般与特殊的关系。第三,各民族自治地方的民族人口构成一般比较复杂,除实行自治的民族外,还有其他民族,这就又涉及到自治地方内各民族之间的关系。这三个方面的关系正是民族区域自治法所要调整的主要对象,也是民族区域自治法的主要任务。

(一)调整国家统一领导与民族自治地方行使自治权的关系

民族区域自治法的首要任务是调整统一与自治的关系,即统一领导与行使自治权的关系。《民族区域自治法》明确规定:各民族自治地方都是中华人民共和国不可分离的部分,民族自治地方的自治机关必须维护国家的统一;民族自治地方的自治机关在中央的统一领导下，既行使一般地方国家机关的职权，又行使自治权；国家要充分保障民族自治地方各少数民族人民的利益，各自治地方也要积极完成国家的各项任务。国家与民族自治地区作为整体与部分的关系，国家享有独立处理内外事务的最高权力，自治地方的自治机关必须维护国家的统一，把国家利益放在第一位。各自治机关也要充分行使国家赋予的职权，充分发挥本地优势，自主地进行经济建设。自治机关行使自治权必须有利于形成和发展安定团结的政治局面，巩固国家的统一。

（二）调整民族自治地方与非自治的一般行政地方间以及各民族自治地方相互间的关系

民族自治地方与非自治行政地方一样，都是中华人民共和国不可分离的部分，在国家结构体系中它们都是一级行政区域，享有地方国家一级行政机关的职权。但与此同时，由于民族自治地方在政治、经济、文化等方面有不同于一般地方的特殊性，这就要求我们从实际出发，正确处理好这种一般与特殊的关系。在宪法精神指导下，《民族区域自治法》规定，民族自治地方的自治机关除行使同级一般地方国家机关的职权外，还自主地行使法律规定的包括政治、经济和文化等方面的各项自治权。由于我国少数民族的经济发展水平参差不齐，民族传统、风俗习惯各有特点，各民族自治地方之间存在差异和发展不平衡，所以，在贯彻民族区域自治制度中还必须考虑到共属于民族自治地方的各民族自治地方间的相互区别。《民族区域自治法》作为保障民族区域自治制度的基本法律，它主要解决各民族自治地方的共性问题，不可能就某个自治地方的特点作出规定，要解决自治地方之间存在的特殊性问题，需要在《民族区域自治法》基础上，进一步健全不同层次的民族区域自治立法。因此，《民族区域自治法》规定："民族自治地方的自治机关行使《宪法》第三章第五节规定的地方国家机关的职权，同时依照《宪法》和本法以及其他法律规定的权限行使自治权。根据本地方的实际情况贯彻执行国家的法律政策。"可以采取特殊的措施，发展当地各项建设事业。

（三）调整民族自治地方内部各民族的关系

在我们这个统一的多民族大国中，由于历史原因，民族的分布形成了交错居住的特点，少数民族不仅同汉族交错居住，少数民族之间也相互交错居住。这就决定了要发展民族地方各项建设事业，维护和发展社会主义民族团结，必须调整好自治地方各民族之间的关系。宪法确认了社会主义新型民族关系的原则，自治法把这些原则具体化，并从各方面促进这些原则的实现。《民族区域自治法》专门设立"民族自治地方内的民族关系"一章，规定自治机关保障本地区内各民族都享有平等权利，在民族自治地方内，各民族都是平等的一员，没有高低贵贱之分，实行区域自治的民族和本自治区域内的其他民族应当互相尊重，互相信任，互相学习，共同建设富裕、文明的民族自治地方。①

三、《民族区域自治法》的基本内容

《民族区域自治法》分为序言和七章内容，共74条。在序言之后，第一章是总则；第二章是民族自治地方的建立和自治机关的组成；第三章是自治机关的自治权；第四章是民族自治地方的人民法院和人民检察院；第五章是民族自治地方内的民族关系；第六章是上级国家机关的职责；第七章是附则。

《民族区域自治法》的主要内容是关于民族区域自治制

---

① 胡中安等：《民族区域自治法学》，中央民族大学出版社1994年版，第42页。

度的实施,即自治权问题。从有利于少数民族地区的发展,有利于加强民族团结出发,《民族区域自治法》对民族自治权作了详尽规定,包括政治、经济、文化、军事等方面,共27条。其中主要方面有:(1)自治机关有权根据本地方实际情况贯彻执行国家的法律和政策;(2)有权依照当地民族的政治、经济、文化的特点,制定自治条例和单行条例;(3)上级国家机关的决议、决定、命令和指示,如有不适合民族自治地方实际情况的,自治机关可以报经该上级国家机关批准,变通执行或者停止执行;(4)民族自治地方的自治机关在国家计划的指导下,可以根据本地方的特点和需要,制定经济建设的方针、政策和计划,自主地安排和管理地方性的经济建设事业;(5)民族自治地方的自治机关在坚持社会主义原则的前提下,可以根据法律规定和本地方经济发展的特点,合理调整生产关系和经济结构,努力发展社会主义市场经济;(6)民族自治地方的自治机关根据法律规定,可以确定本地区内草场、森林的所有权和使用权,依法保护合理开发利用本地区的自然资源;(7)民族自治地方依照国家规定,可以开展对外经济贸易活动,经国务院批准,可以开辟对外贸易口岸。与外国接壤的民族自治地方经国务院批准,开展边境贸易。民族自治地方在对外经济贸易活动中，享受国家的优惠政策；（8）民族自治地方的自治机关有管理地方财政的自治权；（9）有权根据国家的教育方针，依照法律规定，决定本地区的教育规划；（10）有权自主地开展具有民族形式和民族特点的民族文化事业；（11）有权自主管理本地区的流动人口、计划生育等方面事务。

第二节　民族区域自治法的制定

一、制定民族区域自治法的必要性

民族区域自治法是我国社会主义建设不可缺少的基本法律保障。

（一）有利于保证民族区域自治制度的实行

我国是一个统一的多民族国家，全国55个少数民族同汉族人民一道，在中国共产党的领导下，共同创造了祖国光辉灿烂的文化，彼此形成了血肉联系。在解决民族问题方面，我们党经过长期的探索，找到了"民族区域自治"这条具有中国特色的道路。民族区域自治作为中国共产党解决中国民族问题的一项基本政治制度,经过数十年的实践证明是正确的,是完全适合中国国情的,受到了包括汉族在内的各民族人民的拥护和欢迎。1981年,中国共产党的十一届六中全会通过的《关于建国以来党的若干历史问题的决议》,提出了"必须坚持实行民族区域自治"的重要任务。在建设具有中国特色的社会主义的新时期,要完成加强社会主义民主和法制建设这一重要任务,防止错误思想和路线的干扰,必须通过国家权力机关制定法律,使党的政策具有国家意志,变成国家政策,由国家强制力保证贯彻实施。因此,制定民族区域自治法是十分必要的。

(二)有利于加速民族地区建设步伐,实现各民族共同繁荣

由于历史的原因,我国各民族的发展程度不一,尤其是一些地处边远、自然环境非常恶劣的地区,在经济和文化方面长期处于落后的状态。虽然近60多年来这种状况得到了改善,民族地区的各方面发展成就巨大,但同日新月异的现代经济相比,同沿海和内地发达地区相比,这种社会经济发展的不平衡,和少数民族地区的落后状况依然不同程度地存在。国家要强大,经济要发展,必须彻底改变少数民族地区的落后状况。而要彻底改变这种数千年来形成的落后状态，不仅在短期内难以办到，而且只靠少数民族人民自身的努力，也是难以很快实现的。必须要有国家政策的特别关照和国家法律的倾斜保护，才能使少数民族尽快跻身于先进民族的行列。因此，制定《民族区域自治法》，用法律保障民族自治地方加快发展经济文化建设事业，促进各民族共同繁荣，无疑是我国经济社会发展和推动各民族全面发展的重要条件。

（三）有利于加强各民族的团结

中国革命的历史表明：中国各民族的命运是紧密联系在一起的。汉族离不开少数民族，少数民族离不开汉族，各少数民族之间也相互离不开。汉族与少数民族之间，各民族之间是团结还是不团结，历来是我们事业兴衰的标志。建国以来，在党的民族政策指引下，各民族人民彼此更加了解和团结，建立了情同手足的关系。但必须看到，历史上遗留下来的事实上的不平等和不团结，旧社会造成的民族隔阂的影响和不信任心理，在短期内不可能完全消除，这必然会引起民族矛盾和不团结。由于实际工作中执行政策的错误，也会引起这样那样的不团结和纠纷。产生这些现象的原因是多方面的，或缺乏我国是统一的多民族国家的观念；或法制观念淡薄，不懂得各民族互相尊重、维护民族团结是每个公民应尽的义务；或因陈旧腐朽的民族等级思想余毒的影响，等等。因此，制定《民族区域自治法》，用法律做武器，推进民族大团结，在现实生活中和中华民族的未来发展中是非常重要的。

（四）健全社会主义法制的需要

在我国《宪法》和一些有关法律中，虽然也有关于民族区域自治、解决民族问题的条文，但这些规定都是原则性的，不够具体并缺少实施办法；有些问题也没有规定，特别是都分散在个别法律之中，不便于操作，不能解决复杂的具体问题，更不利于解决改革开放和社会主义市场经济新形势下出现的新问题，因此，制定《民族区域自治法》，有利于民族区域自治政策的完善和社会主义法制的健全。

二、制定民族区域自治法的现实意义

民族区域自治制度是具有重大历史意义和现实意义的制度，反映该制度的专门法——《民族区域自治法》也是一种具有重大意义的法律规范，它的制定具有以下几方面的现实

意义:

(一)依法保障民族区域自治政策的进一步贯彻落实

政策和法律,都是上层建筑,同属于精神的范畴。在这一点上,二者是统一的,但二者又有区别。政策不等于法律,国家的法律是党的政策的法律化、制度化,因此,必须通过国家立法机关制定法律、法规,才能使党的政策具有国家意志的属性。党的政策一旦变成国家法律,就具有国家强制力,就可以依靠国家强制力来保证其贯彻实施。有了法律的保障,党的民族区域自治政策才能得到彻底地强有力地贯彻执行,在法律的护航保驾下,我国民族区域自治工作才取得了长足发展。

(二)调动少数民族当家做主的积极性

1952年的《中华人民共和国民族区域自治实施纲要》对民族区域自治机关的自治权规定了11个条文,而《民族区域自治法》规定了27个条文,并且在内容上更加合理和完善,由原来的突出政治权利转变为侧重突出财政、经济和文化等方面的自治权利。这样,就能充分调动少数民族人民当家做主的积极性,使各民族自治地方根据《民族区域自治法》的精神,结合本地区特点和民族特点,采取适合本地发展的战略和灵活的改革措施，坚持改革开放和社会主义市场经济建设的总方针，从而加快民族地区经济发展的步伐。

（三）推动民族地区的经济建设和文化发展

《民族区域自治法》的制定和颁布，使民族地区的经济、文化建设有了法律的保护。民族自治地方的自治机关可以依法行使自治权，因地制宜地加速本地区经济、文化等各项社会事业的发展，有力地推进各少数民族自治地区的经济建设和文化发展。

（四）推进贯彻民族区域自治制度法律体系的形成

民族区域自治制度法律体系的形成，使民族区域自治政策真正落到实处。《民族区域自治法》作为国家的基本法律，其效力仅次于《宪法》，它是民族自治地方人民代表大会和它的常务委员会制定某些变通或补充规定的法律根据。1984年《民族区域自治法》颁布施行后，与《民族区域自治法》相配套的行政法规、自治条例和单行条例相继制定。尤其是2001年修正版《中华人民共和国民族区域自治法》颁布以来，一个以《民族区域自治法》为中心的民族区域自治法律体系已经基本形成。

三、民族区域自治法的制定过程

1978年,中国共产党召开了十一届三中全会,从此社会主义革命和建设进入历史新时期。在新的形势下,1952年中央人民政府颁布的《中华人民共和国民族区域自治实施纲要》,对调整、解决民族关系和民族问题已经不适用。于是从1980年起,为了贯彻执行中共中央提出的"必须坚持实行民族区域自治"的重要任务,全国人大民族委员会、中共中央统战部和国家民委联合成立了《民族区域自治法》起草小组,开始起草工作。1983年,中共中央成立《民族区域自治法》起草工作领导小组,在乌兰夫、杨静仁直接领导下,根据《宪法》的规定,在总结建国30多年的经验和各地实行民族区域自治的经验的基础上,经过广泛调查研究,产生了草稿。之后,在全国范围内反复征求意见,先后进行了10多次大的修改,最后,集中形成了《民族区域自治法草案》。1984年3月,全国人大民族委员会将草稿提交全国人大常委会审议,人大常委会进行了充分讨论后,提请六届全国人大第二次会议审议通过,于1984年10月1日正式生效。根据第九届全国人民代表大会常务委员会第二十次会议《关于修改〈中华人民共和国民族区域自治法〉的决定》，2001年2月28日修正后的《民族区域自治法》颁布实施。[①]

民族区域自治法是我国实施民族区域自治制度的一部比较完善的、反映各族人民意愿的法律，它的产生，标志着我国民族区域自治制度进入了新的历史阶段。

[①] 胡中安等：《民族区域自治法学》，中央民族大学出版社1994年版，第56—57页。

第五章 民族区域自治地方的建立和自治机关的组成

第一节 民族自治地方的建立

一、建立民族自治地方的原则

《民族区域自治法》第十二条规定:"少数民族聚居的地方,根据当地民族关系、经济发展等条件,并参酌历史情况,可以建立一个或者几个少数民族聚居区为基础的自治地方。"根据这一规定,建立民族自治地方应遵守下列原则:

(一)以少数民族聚居为基础

我国各民族在长期的历史发展中,在政治、经济、文化等各方面,形成了一个互相依存、共同发展的不可分离的整体。各民族的分布特点是大杂居、小聚居。《民族区域自治法》正是从我国民族分布特点的实际出发,首先强调在少数民族聚居的地方建立自治地方，实行自治。如果不是聚居，而是散居，就不能建立自治地方。这一原则说明，建立民族自治地方，不是以少数民族的人口数量为基础，而是以少数民族的居住状况为基础。如果一个民族的人口不多，在当地人口中所占比例不大，只要具有一定的聚居状况，也应建立民族自治地方。据此，一切聚居的少数民族，能构成一级自治单位的时候，就可以建立自治地方，设立自治机关，行使自治权。

（二）以当地民族关系、经济发展为根据，并参酌历史情况

一个自治地方的建立，是根据各民族大杂居、小聚居的居住情况和"你中有我，我中有你"的民族关系情况确定的，是以各民族一律平等、民族自治地方内的各族人民都是该自治地方的主人为基础的。一个民族有较大的聚居区，也有较小的聚居区；一个人口较多的少数民族聚居区内，又分布着若干其他少数民族的小聚居区。一个自治地方的建立，要有利于处理区域内的民族关系，在建立民族自治地方的时候，就必须充分考虑当地的民族关系，既要考虑有利于当地主体民族实行自治，又要考虑有利于民族团结。

经济发展的条件也是建立自治地方的根据。确定民族自治地方区域时，一般应考虑这样几个经济问题：一是建立民族自治地方应有利于发挥当地的经济优势，充分考虑所划地区现实经济联系的状况，如地理环境、资源分布、交通运输、生产布局、生产水平、经济结构等较为突出的经济特点。二是有利于当地少数民族未来的发展繁荣。实行民族区域自治的目的之一是促进少数民族地区经济的发展。

在我国漫长的历史发展中，各民族形成了一定的历史传统，比如历史上自然形成的聚居区域界线和行政区域。在这些聚居区域和行政区域内，当地各民族在生产、生活过程中，形成了世代相沿、相传成俗而且相对稳定的政治、经济关系，具有一定的凝聚力。因此，建立民族自治地方时，必须参酌历史情况。

（三）以一个少数民族聚居区为基础

从全国来看，我国的各民族大杂居、小聚居，每个民族都有自己或大或小的聚居地方。在一定的区域内，也存在这种情况。如新疆辖区内居住着40多个民族，其中比较集中地居住着13个少数民族，其中维吾尔族主要聚居在南疆，哈萨克族主要聚居在北疆天山一带，回族、蒙古族、柯尔克孜族、锡伯族、塔吉克族、乌孜别克族、满族等民族也各有一定的聚居区。在众多民族的聚居区内建立民族自治地方，只能"以一个或几个少数民族聚居区为基础"，这是建立民族自治地方应遵循的原则之一。新疆维吾尔自治区，就是以维吾尔族一个少数民族聚居区为基础建立起来的；湘西土家族苗族自治州，就是以土家族和苗族两个民族聚居区为基础建立起来的。从目前已建立的民族自治地方来看，最少的是以一个民族聚居区为基础建立起来的，最多的是以四个少数民族聚居区为基础建立起来的。后者如云南省双江拉祜族佤族布朗族傣族自治县，是以拉祜族、佤族，布朗族和傣族四个少数民族的聚居区为基础建立起来的。从数量上看，以一个少数民族聚居区为基础建立的自治地方居多，以两个少数民族聚居区为基础建立的自治地方次之，以三或四个少数民族聚居区为基础建立的自治地方较少。

（四）符合法定程序

《民族区域自治法》第十四条规定："民族自治地方的建立、区域界限的划分、名称的组成，由上级国家机关会同有关地方的国家机关，和有关民族的代表充分协商拟定，按照法律规定的程序报请批准。"这是《民族区域自治法》对建立民族自治地方在程序上作的原则性规定。就是说，建立民族自治地方，除必须遵循上述三个原则外，还须遵循《民族区域自治法》规定的程序。《民族区域自治法》规定的建立民族自治地方的程序，一是协商拟定，二是报请批准。

《民族区域自治法》除对民族自治地方的建立原则作了明确规定外，还对与民族自治地方建立相关的几个问题作了明确规定：一是民族自治地方内其他少数民族聚居的地方，还可建立相应的自治地方；二是区域界线相对稳定；三是民族自治地方内的其他少数民族聚居的地方，还可建立民族乡；四是民族自治地方依据本地方的实际情况，可以包括一部分汉族或其他民族的居民区和城镇。在这里，民族自治地方的汉族居民区和城镇所设的政权是地方政权，这些地方的人民代表大会和人民政府不是自治机关，但又属于民族自治地方的一级国家政权机关，它们的组织和工作应当按照《中华人民共和国地方各级人民代表大会和地方各级人民政府组织法》办理，同时要遵守本自治地方的自治机关的有关规定。

二、民族自治地方的类型、行政地位及名称

（一）民族自治地方的类型

我国已建立的民族自治地方，按其民族组成和民族聚居

状况，大体可以分为三种类型：

第一类是以一个少数民族聚居区为基础建立的自治地方。如，宁夏回族自治区是以回族聚居区为基础建立的；西藏自治区是以藏族聚居区为基础建立的；四川的凉山彝族自治州是以彝族聚居区为基础建立的。这一类民族自治地方的特点是，实行区域自治的少数民族只有一个，在所辖的区域内，一般没有设立其他少数民族的自治地方。

第二类是以一个人口较多的少数民族聚居区为基础，同时又包括一个或几个人口较少的少数民族建立的自治地方。如，广西壮族自治区、内蒙古自治区、新疆维吾尔自治区，在自治区范围内还设立了一些自治州和自治县。这一类自治地方的特点是，在其所辖区域内，还建立若干个其他民族的自治地方。

第三类是以两个或两个以上的少数民族的聚居区为基础联合建立的自治地方。如，青海省的海西蒙古族藏族自治州，是以蒙古族和藏族两个民族的聚居区为基础联合建立起来的。这一类自治地方的特点是，由两个或两个以上的少数民族聚居区为基础联合建立一个自治地方，联合实行自治民族的人口比例占自治地方人口总数的60%左右。

我国民族自治地方的三种类型，充分体现了党的民族区域自治政策。不仅使聚居的民族能够享受到自治权利，而且使杂居的民族也能够享受到自治权利。从人口较多的民族到人口较少的民族，从大聚居的民族到小聚居的民族，都充分享受了民族自治权。

（二）民族自治地方的行政地位

民族自治地方的行政地位，是指根据我国的行政区划原则，民族自治地方的自治机关行使哪一级地方国家机关职权，同时又行使自治权。我国的民族自治地方分为自治区、自治州、自治县（包括自治旗）。这些自治地方的行政地位是：自治区是与省、直辖市平级的一级行政区域单位，自治区的自治机关行使省一级地方国家机关的职权，同时又行使自治权。自治州是省、自治区以下，县、自治县、不设区和县的市以上的一级行政区域单位，相当于下设区、县的市（不包括直辖市）的行政区域单位。根据《民族区域自治法》第四条第二款的规定，自治州的自治机关行使"下设区、县的市的地方国家机关的职权，同时行使自治权"。自治县（旗）是与县平级的一级行政区域单位，自治机关行使县一级地方国家机关的职权，同时行使自治权。

(三) 民族自治地方的名称

民族自治地方的名称与一般行政地方的名称相比具有其特殊性，而且《民族区域自治法》第十三条对此有特别规定，即"民族自治地方的名称，除特殊情况外，按照地方名称、民族名称、行政地位的顺序组成"。这一规定说明，民族自治地方的名称，除像一般行政地方要体现地名和行政地位外，还要体现民族自治的内容。因此，民族自治地方的名称一般应具有地方名称、民族名称、行政地位三大要素，而且"按照地方名称、民族名称、行政地位的顺序组成"。这里的民族名称是指自治地方的主体民族（或称自治民族），它可能是一个，也可能是两个或两个以上。我国已建立的民族自治地方的名称，大多数是按照地方名称、民族名称、行政地位的顺序组成的。如，广西壮族自治区，"广西"是地方名称、"壮族"是民族名称，"自治区"是行政地位。

按照地方名称、民族名称、行政地位的顺序组成民族自治地方的名称，具有其自身的根据和科学性。地方名称在先，是鉴于我国民族分布的特点，如有的少数民族分别在几个地方实行自治，如藏族，除在西藏地区外，还在甘肃、青海、四川省建立了自治地方。又如蒙古族，除在内蒙古地区外，还在青海的海西、河南、新疆的巴音郭楞和博尔塔拉及和布克赛尔、辽宁的喀喇沁左翼和阜新、吉林的前郭尔罗斯、黑龙江的杜尔伯特、甘肃的肃北等地方分别建立了自治地方（包括自治州和自治县）。把地方名称放在首位，民族名称紧随其后，一方面说明少数民族在不同地方实行区域自治，另一方面也表明了某自治区域内哪个或哪几个少数民族是自治民族。在地方名称和民族名称后面标明行政地位，反映自治地方在国家政权中不同的行政地位，同时也以"自治"区别于普通的行政地方。

按照地方名称、民族名称、行政地位的顺序组成民族自治地方的名称，这是民族自治地方名称的一般命名原则，根据《民族区域自治法》第十三条第三款规定的精神，"特殊情况"下也可采用特殊的命名方法。这主要是承认历史上已经形成了的命名的特殊情况，这些特殊的命名有几种情况。第一种情况，虽然也由地方名称、民族名称、行政地位组成，但在双音词以上的族名之后，不加"族"字。如新疆维吾尔自治区、巴音郭楞蒙古自治州、木垒哈萨克自治县等。第二种情况，没有地方名称，只有民族名称、行政地位。这种情况又有两种情况，一种是地方名称和民族名称同一而没有地方名称，如甘肃省东乡族自治县。东乡族的名称是由历史上这个民族活动在东乡区域，以地名作为族称的，所以"东乡"既是地名又是族名。称"东乡族自治县"，意即"东乡东乡族自治县"。另一种情况是根本不包含地方名称，如鄂温克族自治旗。第三种情况，地名和民族名称合一，不另加民族名称，如"内蒙古自治区"，不称"内蒙古蒙古族自治区"。内蒙古，既是地域名称，又含有民族名称、地方名称之意，三者合一。地名与民族名称合一，不另加民族名称，其含义仍一目了然。如"内蒙古自治区"，只能理解为内蒙古的蒙古族实行自治的地方。第四种情况，既不加地方名称，又在民族名称后面不加族字。如"鄂伦春自治旗"，没有地方名称。"鄂伦春"后也无"族"字。之所以省掉"族"字，是因为不加"族"字仍有"族"的含义。对"鄂伦春"的含义，鄂伦春人自己的解释是"住在山上的人"。既然"鄂伦春"包括有"人"的含义，如再加上一个"族"字，出现字义重叠，因而在"鄂伦春"后没再加"族"字。

上述特殊命名，或者是由于历史传统和习惯，或者是由于少数民族的意愿，因而《民族区域自治法》作为"特殊情况"予以承认，这充分体现了国家对历史传统和习惯以及少数民族意愿的尊重，表现出原则性与灵活性的结合。

三、民族自治地方建立的概况

早在民主革命时期，中国共产党就提出了实行民族区域自治的主张，并在1947年5月1日成立了我国第一个民族自治地方——内蒙古自治区。内蒙古自治区的建立，为建国以后建立民族自治地方提供了初步的经验。

建国后，民族区域自治制度在《中国人民政治协商会议共同纲领》中正式确定下来。1952年颁布的《中华人民共和国民族区域自治实施纲要》对民族自治地方建立的有关问题作了具体明确的规定。根据《中国人民政治协商会议共同纲领》和《中华人民共和国民族区域自治实施纲要》的规定，民族自治地方的建立得到健康发展，1953年底，全国共建县级和县级以上自治地方47个。

1954年《宪法》对民族自治地方建设作了更为完善的规定。在1954年《宪法》的推动下，民族自治地方的建立得到了迅速发展。到1959年4月第二届全国人民代表大会召开时，我国已建立了4个自治区、29个自治州、54个自治县。到1965

年西藏自治区成立时止，我国少数民族聚居地区基本上都建立了自治地方。

"文革"时期，国家的民族政策和民族工作受到严重破坏，民族自治地方的建设工作处于停顿状态。党的十一届三中全会后，民族自治地方的建设得到全面恢复和发展，尤其是在1982年《宪法》和1984年《民族区域自治法》颁布实施后，我国民族自治地方建设进入了一个新的发展阶段。

截止到2004年底，中国共建立了155个民族自治地方，其中自治区5个、自治州30个、自治县(旗)120个，还有1256个民族乡。在全国55个少数民族中，有44个民族建立了自治地方。实行自治的少数民族人口占少数民族人口总数的75%，民族自治地方行政区域的面积占全国总面积的64%。自治地方的数量和布局，与中国的民族分布和构成基本上适应中国少数民族自治地方分布情况。[1]

---

[1] 《国务院实施<中华人民共和国民族区域自治法>若干规定》释义：国家民族事务委员会政策法规司，民族出版社，2005年12月。

第二节　民族自治地方自治机关的组成

一、自治机关的概念

自治机关是指在民族自治地方设立的行使同级相应地方国家机关职权，并同时行使自治权的国家一级政权机关。具体说来，民族自治地方包括自治区、自治州、自治县的人民代表大会和人民政府（据《民族区域自治法》第十五条）。民族自治地方的党委、人民政府所属工作部门、人民法院、人民检察院以及自治区或自治县的派出机构都不是自治机关。

自治机关享有双重职权。一方面，行使同级地方人民政府的职权。主要是执行本级权力机关的决议和上级行政机关的决定、命令；管理本地方经济、教育、科学文化、城乡建设、民政、公安、民族事务、司法行政、监察等工作；领导所属工作部门和下级人民政府的工作，等等。另一方面，依法行使自治权。自治机关与一般地方国家机关相比，有许多共同点，如其产生、任期、职能、组织与活动原则等，与一般同级地方国家机关大体相同。

自治机关相对于一般地方国家机关有三个特点：一是设立的专属权，自治机关是民族自治地方的国家机关，只设立在民族自治地方，非民族自治地方不设立自治机关，一般地方国家机关设立在非民族自治地方。二是组成的民族性，自治机关在组成上有法定的民族性要求（参见"自治机关的组成"），一般地方国家机关则无此特别要求。三是职权的双重性，一方面，自治机关同一般地方国家机关一样，行使地方国家机关的职权，因而具有一般地方国家机关所具有的职权。另一方面，又依法行使自治权，因而具有一般地方国家机关所不具有的职权。

二、自治机关的组成

（一）人民代表大会及其常务委员会的组成

1. 人民代表大会的组成

自治区、自治州的人大实行间接选举，由下一级人大选举的代表组成，这和普通省、直辖市相同。自治县的人大由选民直接选举的代表组成，这和普通县相同。由于自治地方民族成分一般都比较复杂，除了实行区域自治的民族以外，还包括一定数量的汉族和其他少数民族，为了保证民族自治地方的各族人民都享有管理国家事务和本地方内部事务的权利，《民族区域自治法》第十六条规定："民族自治地方的人民代表大会中，除实行区域自治的民族的代表外，其他居住在本行政区域的民族也应当有适当名额的代表。"据此，民族自治地方的人民代表大会，由居住在其行政区域的所有民族（包括汉族）的代表组成。这样，人大具有广泛的代表性，能充分地反映本行政区域内各民族的意愿和利益，而且也有利于自治民族和当地各族人民保持密切的联系，加强各民族的团结和合作关系。

《中华人民共和国全国人民代表大会和地方各级人民代表大会选举法》第十六至十八条对自治民族和其他少数民族代表的名额和比例，有如下原则性规定：

——聚居境内同一少数民族的总人口数占境内总人口数30%以上的，每一代表所代表的人口数应相当于当地人民代表大会每一代表所代表的人数。

——聚居境内同一少数民族的总人口数不足境内总人口数15%的，每一代表所代表的人口数可以适当少于当地人民代表大会每一代表所代表的人口数，但不得少于1/2；实行区域自治的民族人口特少的自治县，经省、自治区人民代表大会常务委员会决定，可以少于1/2。人口特少的其他民族至少应有代表一人。

——聚居境内同一少数民族的总人口数占境内总人口数15%以上，不足30%的，每一代表所代表的人口数，可以适当少于当地人民代表大会每一代表所代表的人口数，但该少数民族的代表名额不得超过代表总名额的30%。

——散居的少数民族应选当地人民代表大会的代表，每一代表所代表的人口数可以少于当地人民代表大会每一代表所代表的人口数。

省、自治区的人民代表大会常务委员会，根据上述原则性规定，决定自治民族和其他少数民族代表的具体名额和比例。自治区、自治州、自治县（旗）的人民代表大会，每届任期5年。

2. 人民代表大会常务委员会的组成

民族自治地方的人大常委会由主任1人、副主任若干人、秘书长和委员若干人组成。他们由同级人民代表大会从代表中选举产生。

《民族区域自治法》对民族自治地方人大常务委员会

组成上的民族成分作了原则性规定,即"民族自治地方的人民代表大会常务委员会中应当有实行区域自治的民族的公民担任主任或者副主任"(第十六条第三款)。此外,对于人大常委会所属工作部门的干部,根据《民族区域自治法》第十八条的规定,"应当合理配备实行区域自治的民族和其他少数民族的人员"。民族自治地方人大常委会的任期和本级人大相同,即自治区、自治州和自治县(旗)人大常委会的任期为5年。

(二)民族自治地方人民政府的组成

自治区人民政府由自治区主席1人、副主席若干人以及秘书长、厅长、主任、局长等组成;自治州、自治县的人民政府分别由州长、副州长和县长、副县长以及局长、科长、主任等组成。

《民族区域自治法》对民族自治地方人民政府组成人员的民族成分组成,作了原则性规定,即"自治区主席、自治州州长、自治县县长由实行区域自治的民族的公民担任,自治区、自治州、自治县的人民政府的其他组成人员,应当合理配备实行区域自治的民族和其他少数民族的人员"(第十七条第一款)。此外,对于人民政府所属工作部门的干部，根据《民族区域自治法》第十八条的规定，也"应当合理配备实行区域自治的民族和其他少数民族的人员"。

民族自治地方人民政府的每届任期和本级人民代表大会相同，即自治区、自治州和自治县（旗）人民政府每届任期5年。

三、自治机关的组织与活动原则

根据《民族区域自治法》的规定，自治机关在其组织与活动中应当遵循下列原则：

（一）维护国家统一

我国的国家结构形式是单一制，全国人大是国家最高权力机关；国务院是国家最高行政机关。中央国家机关对全国实行统一领导。各民族自治地方是统一国家中不可分离的组成部分，是国家统一领导下的一级地方行政区域；各级自治机关是中央和上级国家机关统一领导下的一级地方政权机关。简言之，自治地方与国家是部分与整体的关系，地方与中央的关系；自治机关与上级和中央国家机关的关系是下级与上级的关系。因此，自治机关的组织与活动必须服从国家统一领导，以维护国家统一为原则。

（二）依法行使权力

《民族区域自治法》第四条规定："民族自治地方的自治机关行使《宪法》第三章第五节规定的地方国家机关的职权，同时依照《宪法》和本法以及其他法律规定的权限行使自治权，根据本地方的实际情况贯彻执行国家的法律、政策。"这一规定说明：自治机关的职权具有两重性，一是一般地方国家机关的职权；二是一般地方国家机关没有而仅为自己独有的职权（即自治权）。自治机关在行使职权时，不管是行使一般地方国家机关的职权还是行使自治权，都必须依法行使权力。

依法行使自治权，是自治机关尤应重视的。《宪法》、《民族区域自治法》以及其他法律对自治权的权限都有明确规定，自治机关只能在法律规定的范围内行使自治权，而不能超出法律规定的自治权范围，擅自以"自治权"的名义行使权力。

（三）坚持民主集中制

在我国，民主集中制是指在民主基础上的集中和在集中指导下的民主，它是民主和集中有机结合的辩证统一的制度。根据《宪法》第三条的规定，它是我国一切国家机关的一项最基本的组织与活动原则。民族自治地方的自治机关作为国家机关的组成部分，自然也应坚持民主集中制这一最基本的组织与活动原则。而且《民族区域自治法》第三条第二款专门明确了这一点，即"民族自治地方的自治机关实行民主集中制的原则"。

（四）实行责任制

所谓责任制，是指每一个国家机关都要向自己的委托者或者有关国家机关以及对本机关的工作负责。根据《宪法》和《民族区域自治法》的规定，民族自治地方的自治机关分别实行集体责任制和个人责任制。

集体责任制是指全体组成人员和领导成员在重大问题决定上，地位和权利平等，由全体成员讨论并以少数服从多数的原则决定，集体承担责任。集体责任制能集思广益，充分发挥集体智慧，防止个人独断专行。民族自治地方的人大及其常委会实行集体责任制。

个人责任制是由首长个人决定问题并承担相应责任的制度，因而又称首长责任制。个人负责制可以充分发挥首长个人的智慧和才能，能够迅速贯彻执行工作任务，提高工作效率。个人责任制并不排除民主基础上的集体讨论，发挥集体智慧的作用。它与集体责任制的区别只是在于，不是按少数服从多数的原则形成决定，而是由首长集中正确的意见作出决定。根据《民族区域自治法》第十七条的规定，民族自治地方的人民政府实行个人责任制，即自治区主席、自治州州长、自治县县长负责制。

（五）坚持群众路线

在我国一切国家机关，都代表人民群众的利益，坚持为人民服务，这是我党的群众路线。《宪法》第二十七条第三款规定："一切国家机关的国家工作人员必须依靠人民的支持，经常保持同人民的密切联系，倾听人民的意见和建议，接受人民的监督，努力为人民服务。"这一规定是我党群众路线的最高法律体现，民族自治地方的自治机关，依据《宪法》的规定，在自己的组织与活动中，也应当坚持群众路线。

自治机关坚持群众路线主要体现在：第一，制定政策和规范性文件时，必须坚持从群众中来，到群众中去，倾听他们的意见和要求，根据各族群众的意愿和利益，把群众的意见集中起来，制定出既符合各族人民群众利益和需要，又切实可行的政策和法律性文件。第二，团结本地方各族人民群众，调动各族人民群众的积极性和创造性，依靠他们的支持来完成各项工作任务。第三，要把为人民服务作为自己的宗旨，将自己的工作自觉地置于各族人民群众的监督之下，随时接受各民族人民群众的检验，并且为了人民的利益，要勇于坚持真理，自觉纠正错误，敢于同危害各族人民利益的行为作斗争。

第六章　民族区域自治地方自治机关的自治权

第一节　政治方面的自治权

一、制定自治条例和单行条例

制定自治条例和单行条例，是民族自治地方的人民代表大会的一项特别重要的自治权。对此，民族区域自治法作了明确规定："民族自治地方的人民代表大会有权依据当地民族的政治、经济和文化的特点，制定自治条例和单行条例。"

制定自治条例和单行条例的权利是自治权中最重要的内容，是民族自治地方享有的立法自治权，任何非民族自治地方的地方人大都不拥有这一权利。这一权利的行使，不仅关系到少数民族能否实现自治的权利，也关系到民族自治地方经济和文化等建设事业如何发展，更关系到民族自治地方在贯彻执行国家宪法和法律的同时又如何充分自治的问题。宪法和法律之所以赋予民族自治地方这种权利，就是充分考虑到由于历史和现实的、自然和非自然的原因而形成的各少数民族的不同生活方式、风俗习惯，这些特点和差别，正是《民族区域自治法》赋予民族自治地方的人大以制定自治条例和单行条例的依据。只有这样，民族自治地方才能根据本地区、本地各民族的政治、经济和文化的特点，独立自主地解决当地的现实问题。特别是通过制定自治条例和单行条例，可以把《民族区域自治法》的一些原则性规定加以具体化，也为该地方从事各方面的管理活动提供法律规范。

自治条例是民族自治地方的人民代表大会依据《宪法》和《民族区域自治法》规定的基本原则，结合当地民族的特点制定并报经法定机关批准备案的、调整民族自治地方内各种关系的一种民族自治地方的地方法规。它既反映和体现了当地各少数民族的自治权利，又调整着民族自治地方内的各种关系，承担着促进各民族共同繁荣的重任。

单行条例是自治机关即人大依照法律和当地民族的特

点制定的，专门调整某种社会关系的一种地方性民族自治法规，它是专门性法规，调整的只是某一类社会关系，它的条款比自治条例更为具体，更具有操作性。

自治条例和单行条例是在法定和法律赋予的前提下制定的。我国是法制统一的国家，《民族区域自治法》规定："自治区的自治条例和单行条例，报全国人民代表大会常委会批准后生效。自治州、自治县的自治条例和单行条例，报省、自治区、直辖市的人民代表大会常委会批准后生效，并报全国人民代表大会常委会和国务院备案。"这是为了确保自治条例和单行条例不与宪法和法律相冲突。

二、作出变通规定和补充规定

作出变通规定和补充规定也是民族自治地方的一项自治权。民族自治地方的自治机关根据法律的授权和当地民族的特点，可以对国家法律和上级行政机关的决议、决定、命令和指示作出变通或补充的规定，从而使国家法律和上级指示能更切合本地本民族的实际情况，得到有效地贯彻执行。国家法律和中央指示是面对全国普遍适用的法律规范，由于民族地区的具体情况，像非民族自治地区一样执行会有困难，有时甚至会给民族地区造成不应有的损害。《民族区域自治法》第四条规定："自治机关行使宪法第三章第五节规定的地方国家机关的职权，同时依照宪法和本法及其他法律规定的权限行使自治权，根据本地方的实际情况贯彻执行国家的法律和政策。"我国制定的许多法律如刑法、婚姻法、民事诉讼法、继承法、民法通则等都专门授权民族自治地方可以作出变通或者补充规定，这些变通和补充规定只要经法定机关批准即可生效。

《民族区域自治法》第二十条规定：上级国家机关的决议、决定、命令和指示，如有不适合民族自治地方实际情况的，自治机关可以报经该上级国家机关批准，变通执行或者停止执行。同时《民族区域自治法》又规定这种变通执行或停止执行必须报上级国家机关批准。

民族自治地方可以作出变通规定和补充规定的自治权，是为了保证国家宪法、法律和上级国家机关的指示、命令、决定等能在自治地方有效地执行。这种变通和补充只是为了更好地适应自治地方的实际情况，为了更好地解决自治地方的实际问题。同时，这种变通和补充又给予了民族自治地方以自主地贯彻执行宪法和法律以及上级国家机关指示的权利，使之能更灵活地处理自治地方的实际事务。

三、使用和发展民族语言文字

民族语言文字是民族的一个重要特征，也是民族文化的重要形式。马克思主义者历来把语言平等作为民族平等的一个重要内容和标志，并把坚持民族语言平等看作民族平等的一个重要前提条件，把能否尊重一个民族的语言文字提到能否尊重一个民族的平等地位和合法权益的高度上来认识。

民族语言文字是民族内部和民族之间彼此联系和交流思想感情的重要工具，也是继承、传播、发展民族文化遗产，弘扬民族精神的重要手段。每个民族都重视使用和发展民族语言文字的问题，都不能容忍对使用和发展民族语言文字的干涉和限制。只有尊重少数民族使用和发展其自身语言文字的自由，才能增进各民族之间的感情和友好团结，才能更好地相互交流、相互学习，共同发展中华民族的文化。

正是由于上述原因，《民族区域自治法》根据宪法的原则，具体规定了民族自治地方的自治机关有使用和发展民族语言文字的自治权利。《民族区域自治法》第十条规定："民族自治地方的自治机关保障本地方各民族都有使用和发展自己的语言文字的自由。"《民族区域自治法》第二十一条、第三十七条、第四十九条等还作了一些更具体的规定。《民族区域自治法》第二十一条规定："民族自治地方的自治机关在执行职务的时候，依照本民族自治地方自治条例的规定，使用当地通用的一种或者几种语言文字；同时使用几种通用的语言文字执行职务的，可以以实行区域自治的民族的语言文字为主。"《民族区域自治法》第三十七条规定："招收少数民族学生为主的学校（班级）和其他教育机构，有条件的应当采用少数民族文字的课本，并用少数民族语言讲课；根据情况从小学低年级或者高年级起开设汉语文课程，推广全国通用的普通话和规范汉字。""各级人民政府要在财政方面扶持少数民族文字的教材和出版物的编译和出版工作。"《民族区域自治法》第四十九条规定："民族自治地方的自治机关教育和鼓励各民族的干部互相学习语言文字。汉族干部要学习当地少数民族的语言文字，少数民族干部在学习、使用本民族语言文字的同时，也要学习全国通用的普通话和规范文字。"这种自治权利既包含了自治机关的民族语言文字的自治权，也包含各民族及其公民的民族语言文字自由权利的自治内涵。

自治机关既要保障各民族可以自由地使用和发展本民族的语言文字,还要创造条件为各民族人民普及自己的语言文字、扫除语言文字障碍而努力。加快民族语言文字的教育工作,加强利用民族语言文字从事科学研究、艺术创作的能力,以弘扬民族文化。

四、培养、选拔民族干部和技术人才

培养、选拔民族干部和技术人才是《民族区域自治法》赋予自治地区的又一自治权。这是一个比较灵活而又十分利于民族自治地方人才建设的权利。《民族区域自治法》把党和国家的民族人事政策上升到制度化和法律化的高度,《民族区域自治法》第二十二条规定:民族自治地方的自治机关根据社会主义建设的需要,采取各种措施从当地民族中大量培养各级干部、各种科学技术、经营管理等专业人才和技术工人,充分发挥他们的作用,并且注意在少数民族妇女中培养各级干部和各种专业技术人才。民族自治地方的自治机关录用工作人员的时候,对实行区域自治的民族和其他少数民族的人员应当给予适当的照顾。民族自治地方的自治机关可以采取特殊措施,优待、鼓励各种专业人员参加自治地方各项建设工作。《民族区域自治法》第二十三条规定：民族自治地方的企业、事业单位依照国家规定招收人员时，优先招收少数民族人员。

这一权利实际上包含了三个方面：第一，在培养和选拔民族干部方面，自治地方拥有更广泛的权利，可以采取特殊措施。这一权利行使起来灵活而方便，这是针对民族自治地方少数民族干部在数量和质量上存在的问题而赋予的。为了更多、更快、更好地培养民族干部，必须赋予民族自治地方更广泛而灵活的权利。特别是随着民族自治地方经济的不断开发，社会的不断发展，对民族干部在数量和质量上都会提出更高的要求。在民族自治地方的经济开发中，除了自然的因素外，更重要的就是缺乏大量的懂管理、会经营的干部和有科技知识的专业人才和技术工人。要解决民族自治地方的发展问题，首先就必须解决干部不足和专业技术人员不足的问题。解决这一问题除了国家适当选派各民族兄弟予以援助外，核心就是要赋予自治地方以培养和选拔本民族干部的广泛的权利。第二，赋予民族自治地方的企业、事业和党政机关在招收人员的时候，根据工作需要，既要优先招收少数民族人员，还可以从农村和牧区非城镇人口中招收。第三，民族自治地方可以用优待的方法，吸收各种专业技术人员参与自治地方的建设事业。

　　赋予民族自治地方这种权利，首先是各少数民族自己管理本民族内部事务权利的充分体现，是自治的核心内容。民族区域自治就是要求由民族干部自主地管理自身事务，尊重少数民族参与管理国家大事，就必然要求作为国家的民族自治机关中的领导干部、工作人员、专业技术人才中相当多的人是民族干部，由这些干部来贯彻自治条例和单行条例，来组织和领导广大少数民族人民去建设自己美好的家园。其次，少数民族干部更能结合本地本民族实际，从事更有效的管理。民族干部因其熟悉本民族的历史和现状，通晓本民族的语言文字和风俗习惯，更了解本民族群众的要求和愿望，工作起来会更高效。在作出各种决策时，由于更能结合本地区的各种实际情况，其决策可能会更客观，更符合实际，更具有现实可行性。在执行各种政策、法令时，由于与群众联系更多，交流更容易，思想感情上更接近，会有更高的威信和影响力，执行起来会更顺当些，效果更好些。

五、组织维护本地方社会治安的公安部队

　　民族自治地方大多地处祖国边疆，由于国际政治斗争

异常复杂，边疆地方常常是交锋的处所，而敌对国家往往利用民族关系，挑起民族事端，边疆地区也是国内一些敌视社会主义的人和一些犯罪分子常常潜伏和活动的地方。为了保证民族自治地区社会主义建设的顺利进行，为了保证少数民族群众安居乐业，《民族区域自治法》第二十四条规定：自治机关根据本地的实际需要和国家的军事制度，经国务院批准，可以组织维护本地方社会治安的公安部队。这支部队主要是维护社会治安，同时也作为加强国防建设和巩固国防的必要补充。以当地民族人员为主的公安部队，由于通晓民族自治地方的地理特点和民族特点，在维护自治地方治安和巩固国防方面会起到特殊的作用。

第二节　经济建设方面的自治权

一、制定经济建设的方针、政策和计划

《民族区域自治法》第二十四条规定："民族自治地方的自治机关在国家计划的指导下，根据本地方的特点和需要，制定经济建设的方针、政策和计划。"这一权利的赋

予，使民族自治机关能从当地的自然条件、经济情况、民族特点和群众的需要出发，灵活多样地促进本自治地方经济的发展。从自身所处条件出发从事经济建设对自治地方来说是至关重要的。国家计划对民族自治地方有一般指导作用，在这种指导之下，民族自治地方可以确定自己经济发展的目标、方向和重点，可以通过灵活的政策调整好各种经济活动，也可以根据当地的主、客观条件去寻找达到目标的步骤和措施。

这一权利的赋予避免了民族自治地方经济管理上机械地照搬上级国家机关的计划、方针和措施，使民族自治地方能够自主地进行经济管理，实事求是地去发展经济。同时还照顾到民族自治地区自然环境差异大、生产条件多样化的特点，使之能充分利用山区、林区、牧区的优势和自然资源丰富的优势，灵活地发展经济。这种灵活性也是民族自治地方经济管理中迫切需要的，民族自治地方应该充分运用这一权利，以自己的优势参与市场竞争，推动民族经济的发展。

二、自主安排和管理经济建设和基本建设

对于民族自治地方来说，经济建设的内容应该是什么，

应该如何从事经济各方面的建设，资金如何筹措和使用，什么时候从事何种类型的建设等，应该由民族自治地方的自治机关来确定。因为他们最熟悉本地区地形、气候、民情，更知道本地区急需什么，也明白自身具有的人力、物力和财力状况。因此，《民族区域自治法》给自治地方自治机关以自主安排和管理经济建设的权利。

在经济建设中，最重要的方面是基本建设。《民族区域自治法》对基本建设问题作了专门的规定，赋予自主地安排的权利。《民族区域自治法》第二十九条规定：民族自治地方的自治机关在国家计划的指导下，根据本地方的财力、物力和其他具体条件，自主地安排地方基本建设项目。民族自治地方基本建设如何确定和安排，对民族经济的发展是意义重大的。因为上些什么项目，不仅影响到当前，也关系到未来。由于历史的原因，民族自治地方的经济都相对落后，基本建设比较薄弱。如，交通运输条件差，工业基础较薄弱，商品流通较落后等。安排基建项目，必须要统筹兼顾，狠打基础，立足现实，服务未来，把有限的财力、物力用在对民族经济发展起关键性作用的项目上，用在对改善群众生活有重大作用的项目上。

如何确定基本建设项目，既涉及扩大再生产能力的问题，也涉及调整国民经济的结构、促进生产力合理配置的问题。由于财力、物力的限制，还要求基建项目投资省、工期短、质量好、效益高，民族自治地方要根据自身条件和市场经济的要求，自主地安排基建项目，以适应经济发展的需要。

三、合理调整生产关系、改革经济管理体制

《民族区域自治法》第二十六条规定：民族自治地方的自治机关在坚持社会主义原则的前提下，根据法律规定和本地方经济发展的特点，合理调整生产关系和经济结构，努力发展社会主义市场经济。民族自治地方的自治机关坚持公有制为主体、多种所有制经济共同发展的基本经济制度，鼓励发展非公有制经济。民族自治地方的社会生产力发展极不平衡，呈现出多层次性。有的地方、有的部门具有现代工业，有的是小手工业，有的还是自给半自给经济，有的是农业，有的是畜牧业。这种多层次的生产力必然要求不同层次的生产关系与之相适应。过去，在民族自治地方的生产关系上，存在着与外部攀比，套用一个模式的求大求纯的错误思想，

这使民族自治地方的生产关系单一化，给民族自治地方生产力的发展造成了不利的后果，使得低层次的生产力被揠苗助长，去就高层次的生产关系，脱离了现实情况，违背了生产关系一定要适应生产力发展的规律。

根据民族自治地方生产力的多样性和多层次性，吸取过去的工作教训，《民族区域自治法》赋予了民族自治地方的自治机关以"合理调整生产关系、改革经济管理体制"的自治权利。这样，民族自治地方可以根据民族、地方生产力的实际状况，灵活、多样地采取适当的生产关系，使之适应多层次、多样性的生产力，并促进民族经济的发展。在所有制形式上既可国有，亦可集体；既可私人合股经营，也可个体经营；既可中外合资，也可引进外资独营。在劳动组合和经营方式上，既可集体统一经营，也可小组承包、私人承包；既可实行联产责任制，亦可以分片包干。在分配方式上，既可贯彻按劳分配的多种形式，也可按资、按股分红。到底如何调整，首先要根据本自治地方的生产力发展状况，其次要根据经济门类的要求，再次是要便于管理，有利于调动广大群众的生产积极性。合理调整的总目标是促进生产力发展，争取良好的经济效益。

经济管理体制作为上层建筑的一部分,是由生产力状况决定的,多样性的生产关系必然要求多样性的经济管理体制。民族自治地方可以根据民族、地区的实际,灵活地采用各种管理方式,实行各种管理制度。到底应采取何种方式和制度,国家是无法统一规定的,只能由自治机关自己来决定。这样才能促进民族经济的发展,才能使民族经济真正具有自己的特色。

四、管理、保护、开发和利用自然资源

我国少数民族地区地大物博,我国40多亿亩草原大多在民族地区,大部分森林资源也在民族地区,水能资源的一半以上属于民族地区,大量的矿产资源也在民族地区。这些是民族自治地方各族人民的宝贵财富,也是民族自治地方经济发展的重要物质基础。民族自治地方有管理和保护好本辖区内一切自然资源的职责,这既是对国家负责,也是对当地人民的生产和生活负责。如果不管理和保护好这些资源,民族自治地方的人民如何维持生计?如何发展生产?以林牧为主的地区离不开草地、森林,但草原的滥垦和对森林的滥伐,势必影响林业和畜牧业经济的发展。对自然资源的开发和利用,只要是可以由地方进行开发的,当地自治机关拥有优先

开发利用权。当然，在开发利用时，必须正确处理好国家利益与本地利益的关系问题。

《民族区域自治法》第二十八条规定：民族自治地方的自治机关依照法律规定，管理和保护本地方的自然资源。民族自治地方的自治机关根据法律规定和国家的统一规划，对可以由本地方开发的自然资源，优先合理开发利用。赋予民族自治机关这种权利，可以更好地保护好民族自治地方的自然资源，也可以更好地利用当地资源优势，繁荣民族经济。

五、开展对外经贸活动

《民族区域自治法》第三十一条规定：民族自治地方依照国家规定，可以开展对外经济贸易活动，经国务院批准，可以开辟对外贸易口岸。与外国接壤的民族自治地方经国务院批准，可以开展边境贸易。民族自治地方在对外经济贸易活动中，享受国家的优惠政策。

民族自治地方的经济也要对内搞活，对外开放。经济方面的前几项自治权是保证民族自治地方经济的对内搞活。这项经济权利则保证民族经济对外开放，以促进民族经济走向世界。

民族自治地方的经济，由于历史原因，其发展相对落后，商品经济不发达，有的甚至还处于封闭半封闭的经济状态。民族经济不可能在封闭中发展，在市场经济的大潮中，封闭只能落后。民族自治地方既要充分利用自己的自然资源优势，引进国内先进地区的资金和劳动力以发展自己的经济，更要充分利用地处东北、西北、西南边疆的地理优势，大力推进和加强与邻近地区和国家的经济贸易往来，实行对外开放。民族自治地方的优势在于具有品种繁多的土特产品、民族特色的民族工艺品等。这样就可以发挥自己的优势，利用有利的条件与邻近国家发展经济贸易活动，建立贸易及经济技术合作关系，以促进民族经济的发展。

　　近年来，云南、新疆、内蒙古、西藏、广西及延边等地，广泛与许多国家和地区开展经贸活动，大量引进资金和技术，开展边境贸易，对民族自治地方经济的发展起了较大的作用，也取得了较好的成绩。这些正是民族自治地方充分行使了这一权利的结果。今后民族自治地方还应该大胆、充分地行使这一权利，大力开展对外经贸活动，扩大出口，引进先进设备和技术，引进管理经验，以促进民族自治地方商品经济的发展，推动民族经济早日走向现代化。

第三节 财政方面的自治权

一、自主安排使用财政收入

《民族区域自治法》第三十二条规定："民族自治地方的财政是一级财政，是国家财政的组成部分。民族自治地方的自治机关有管理地方财政的自治权。凡是依照国家财政体制属于民族自治地方的财政收入，都应当由民族自治地方的自治机关自主地安排使用。""民族自治地方在全国统一的财政体制下，通过国家实行的规范的财政转移支付制度，享受上级财政的照顾。"这一规定从财政体制上保证了自治机关可以根据本地区发展经济、文化等事业的需要，根据当地实际，自主地安排使用财政支出。对属于自主安排使用的这部分财政收入，上级国家机关不得随意下达支出指标，加重民族自治地方的财政负担。民族自治机关掌握了这一权利，才能充分运用手中的财力，促进民族自治地方经济、文化事业的发展。民族自治地方财权和财力的大小，直接制约着民族自治地方经济发展的规模和速度，民族自治机关制定的经济建设方针、政策和计划才能很好地得以执行，经济建设的安排才能得以实现。如果没有这项权利，民族自治地方就算制定出了发挥民族经济优势的政策，也会成为一纸空文。民族自治地方由于经济条件相对较差，发展经济的基础不足，很多方面的经济建设都要依靠财政的帮助和支持，这就要求自治机关不仅要有一定的财力，还要有一定的财权。在财力问题上，国家通过许多优待政策，保障民族自治地方在财政收支项目上，享受法定的优惠权利，国家还通过设立各种专用基金予以支持和扶助。在财权上，国家赋予自治机关以自主权，使之能对本身的财政收入作出适合民族自治地方的特点和需要的恰当安排。这样做，一则有利于提高自治机关理财用财的能力；二则有利于自治机关对本地经济文化需要作出适当的安排，以解决经济文化建设发展的需要；三则有利于自治机关用好财政收入以扩大财政收入，推动民族经济的振兴和繁荣。财政收入自主安排使用的权利是自治机关经济管理自治权的保证。

二、自行安排使用预算的超收和节余资金

《民族区域自治法》第三十二条规定："民族自治地

方的财政预算支出，按照国家规定，设机动资金，预备费在预算中所占比例高于一般地区。""民族自治地方的自治机关在执行财政预算过程中，自行安排使用收入的超收和支出的节余资金。"为了鼓励自治机关扩大财源、节约支出，国家法律赋予自治机关可以将超收和节余的资金自主地安排使用，以促进当地经济文化事业的发展。

由于民族自治地方生产力水平差异大、经济发展程度参差不齐，所以财政状况也不一样。为了保证民族自治地区扩大再生产的进行，对财政入不敷出的，给予补助；在规定上缴之外的收入归自治机关自主支配；在补助额定后，民族自治地方增加的收入和节约的支出，也全归自治机关自主安排使用。

《民族区域自治法》的规定，能促进自治机关发扬艰苦创业、勤俭节约的精神，调动他们采取各种有力措施执行财政预算，超额完成财政预算中的财政收入指标，减少不必要的开支，以便形成预算执行过程中的超收资金和节余资金，促进地区经济的发展和文化的繁荣。

三、制定某些支出的补充规定和具体办法

《民族区域自治法》第三十三条规定：民族自治地方的

自治机关对本地方的各项开支标准、定员、定额，根据国家规定的原则，结合本地方的实际情况，可以制定补充规定和具体办法。自治区制定的补充规定和具体办法，报国务院备案；自治州、自治县制定的补充规定和具体办法，须报省、自治区、直辖市人民政府批准。

赋予这项权利的根据是：第一，民族自治地方大多地广人稀、交通不便，工作、办事需要更多的定员、定额和财政开支，如果不赋予民族自治地方以制定各项开支的补充规定和具体办法，在当地就无法开展许多建设项目，因为在资金的使用、人员的安排上都会与非民族自治地方不同。如在办学校、建工厂、办商店等方面都要特殊得多，在开支上也就会特别一些。第二，照顾到民族风俗习惯，在有些开支上不得不加以照顾，让自治机关有灵活、特别的权限。

第四节　文化建设方面的自治权

一、自主发展民族教育事业

发展民族教育事业是发展民族经济和繁荣民族文化的必

要前提和重要基石。民族自治地方经济发展中最迫切需要的是各种专业技术人才和各种管理人才。这些人才的培养，需要各种层次、各个门类的学校教育。由于历史的原因，民族自治地方的教育事业都相对落后。要消除这种现象，就必须赋予民族自治地方的自治机关广泛的、灵活有效的权利，以便通过多层次、多门类、多渠道，把民族教育事业迅速搞上去。在发展民族教育方面，民族自治地方因经济相对发展不足，最感缺乏的是物质条件，特别是经费。国家在财政上对民族自治地方办学给予了必要的保证。在这个基础上，自治机关应充分有效地行使自主发展民族教育事业的权利，大力促进民族教育事业的发展。

在这方面，《民族区域自治法》作了相当多的规定：首先，《民族区域自治法》第三十六条规定，民族自治地方的自治机关根据国家的教育方针，依照法律规定，决定本地方的教育规划，各级各类学校的设置、学制、办学形式、教学内容、教学用语和招生办法。赋予民族自治地方自主决定教育规划、学校学制、办学形式、教学内容、招生办法。《民族区域自治法》第三十六条规定了上述权利。这一权利保证了自治机关可以从当地文化教育基础、人才需求状况、生员分布情况、地理环境条件等方面出发，灵活地制定发展民族教育的规划，灵活地确定学制、设立学校、确定学科内容等。从而提高各族人民的文化素质，为民族自治地方经济建设输送大量急需的人才。其次，《民族区域自治法》第三十七条规定，民族自治地方的自治机关自主地发展民族教育，扫除文盲，举办各类学校，普及九年义务教育，采取多种形式发展普通高级中等教育和中等职业技术教育，根据条件和需要发展高等教育，培养各少数民族专业人才。自主地采取多种形式，举办各类学校，发展不同层次的民族教育。如初级、中等、专业教育以及扫盲教育等。这主要保证民族自治地方采取多形式、多类别的教育方式，发展民族教育，提高各族人民的文化水平，培养专门人才。再次，《民族区域自治法》第三十六条规定，民族自治地方的自治机关为少数民族牧区和经济困难、居住分散的少数民族山区，设立以寄宿为主和助学金为主的公办民族小学和民族中学，保障就读学生完成义务教育阶段的学业。办学经费和助学金由当地财政解决，当地财政困难的，上级财政应当给予补助。在牧区和山区设立以寄宿为主和助学金为主的公办民族小学和民族中学。这一规定主要是保证少数民族牧区和居住分散的山区的少数民族子女以及经济特别困难的少数民族子女能获得教育，巩固和提高这些地区中、小学入学率，使民族教育事业得以稳定发展。最后，《民族区域自治法》第三十六条规定，招收少数民族学生为主的学校（班级）和其他教育机构，有条件的应当采用少数民族文字的课本，并用少数民族语言讲课；根据情况从小学低年级或者高年级起开设汉语文课程，推广全国通用的普通话和规范汉字。

以上规定表明，《民族区域自治法》承认了各地的差别性和特殊性，赋予了自治机关可以因地制宜地建立民族教育管理体制的权利。目的是更加灵活地、有效地推进民族教育事业的发展。

二、自主发展民族文化事业

民族文化是一民族区别于他民族的特征之一。各民族在自己的历史发展中都创造了自己独特的文化，从而形成了中华民族文化的绚丽多姿，丰富多彩。

各民族的文化代表着该民族的传统、精神风貌，作为民族文化形式本身，也表现着各民族的共同心理素质。当民族形成之后，在民族的发展中，民族文化还起着凝聚民族内和力，鼓舞民族团结精神的作用。因此，要尊重自治机关的自治权，就必须赋予他们以自主地发展民族文化事业的权利。

在这方面，《民族区域自治法》第三十八条规定了两方面的权限：一是，民族自治地方的自治机关自主地发展具有民族形式和民族特点的文学、艺术、新闻、出版、广播、电影、电视等民族文化事业，加大对文化事业的投入，加强文化设施建设，加快各项文化事业的发展。这一权利是给予自治机关各种措施和办法，鼓励和支持辖区内各民族人民留下多姿多彩的民族文化，以丰富人民生活。而且还可以利用各种传播媒介从事创作、宣传、表演等活动。这样，民族自治地方就拥有了灵活机动的权利，大力发展民族文化事业，目的是鼓励发展现代民族文化的广泛自治权。二是，民族自治地方的自治机关组织、支持有关单位和部门收集、整理、翻译和出版民族历史文化书籍，保护民族的名胜古迹、珍贵文物和其他重要历史文化遗产，继承和发展优秀的民族传统文化。目的是继承、发展和保护古代民族文化的自治权。在历史发展中，民族地区各民族也创造了辉煌灿烂的文化遗产，有的已成为世界文明宝库中的明珠。如，藏族人民建造的布达拉宫，创作的史诗《格萨尔王》；白族人民建造的崇圣寺三塔；福建土家族人民建造的土楼，及各族人民丰富多彩的民间传说和民歌等。保存、保护这些文化典籍和名胜古迹，不仅对各族人民增强民族自信心和民族团结具有重要意义，而且也能为创造现代民族文化提供丰富的营养，奠定坚实的基础，因为现代民族文化必须借鉴历史文化遗产才能创造出来。

三、自主发展科技事业

当今世界各国的发展必须依靠科学技术和现代化管理。民族自治地方经济要发展，更要依赖科学技术，这是由民族自治地方复杂多样的地理条件、气候条件等决定的。而将科学技术应用到民族自治地方的经济建设中，关键是要有掌握了专业技术的人才和拥有较好技能素质的劳动者。如何发展民族自治地方的科技事业，如何提高科技普及率，发展何种科技门类，这些都必须由民族自治地方的自治机关根据生产力发展的要求、经济建设的需要、本地科技基础等来自主地决定。灵活地采取适当的措施，特别是如何改变民族自治地方科技落后和科技队伍短缺的状况，更是必须由自治机关采取切实有效的措施。

《民族区域自治法》第三十九条规定："民族自治地方的自治机关自主地决定本地方的科学技术发展规划,普及科学技术知识。"这一权利的行使,将使民族自治地方用各种方式发展科技教育,培养科技队伍,引进科技人才,从而保证经济建设按照科学规律办事,改变传统的工农业生产部门,促进民族经济走向现代化。民族自治地方经济的发展必须走科技脱贫、科技兴旺的路子,没有其他道路。赋予民族自治地方这种权利,就是为了充分调动民族自治地方各级政府在国家的帮助和扶持下,自主地发展科技事业的积极性。国家的帮助是必要的,民族自治地方充分发挥主观能动性更是重要的。科技事业的发展是自治地方的大事,是关系到人民致富、民族振兴的大事,必须依靠民族自治地方的自治机关和人民的努力。自治机关应该充分行使这一权利,大力发展科技事业,促进科技与生产的有效结合,以彻底改变民族自治地方经济文化的落后状况。

四、自主发展卫生、保健事业

由于历史的原因,民族自治地方的卫生、保健事业相对比较落后。在旧社会,民族地区往往是无医无药、缺医少药、疫病横行。解放以后,由于国家的大力支持和帮助,这种状况有了根本的改变。但是,与发达地区相比,少数民族地区缺医少药,卫生、保健条件差的情况仍然程度不同地存在。有的地方存在流行病、地方病,有的地方医疗条件较差,产妇和婴儿的死亡率也相对较高。这不仅严重影响各民族人民的身体健康,而且还严重影响少数民族人民的生活和生产。因此大力发展民族自治地方的医疗、卫生、保健事业,是国家的一项重要任务,也是自治机关艰巨的任务。国家固然要在资金、技术、设备、人员上给予帮助和支持,但自治机关也要把它作为一件大事来抓,要想方设法解决这些问题。为了充分调动自治地方的积极性,国家用法律规定的形式,赋予自治机关在发展卫生、保健事业上相当的自主权。

因此,一是,自治机关可以自主地决定本地方医疗、卫生、保健事业的发展规划。二是,自主地发展现代医药和民族传统医药。可以自主地引进区外和国外现代的、先进的医药技术、设备,也可以引进医疗、保健技术人员。发展民族自治地方的医疗、保健,必须大力发展现代医药事业。同时,对各民族的传统医药,也必须予以挖掘和发展。如,藏医、蒙古医、维吾尔医和傣医都经历了长期发展,有自己独特的理论体系，影响和作用都很大，因而也要大力发展。对民间流传的传统医药，也要总结和推广。三是，自主地加强地方病防治和妇幼卫生保健工作，改善卫生条件。少数民族人民大多住在边疆地区和边远山区，由于交通闭塞，居住条件和生活条件较差，加上地理环境、气候条件的复杂多样，各种流行病随时可能发生。同时，妇幼保健的条件也较差，孕、产妇和婴儿的发病率和死亡率都较高。所以这种现状的改变，必须依靠自治机关因地制宜地来防治地方病，搞好妇幼保健工作。

五、自主发展民族体育事业

民族自治地方社会主义建设事业的进行，需要千百万群众身体力行，这就要求人民有健壮的体魄。加强卫生和妇幼保健事业可以解决疫病治疗的问题，保证人民身体健康。而真正要养成健壮的体魄的治本之术，就是大力发展民族体育事业。正如毛泽东所说："发展体育运动，增强人民体质。"为了保证民族自治地方的群众能身体强壮、精力充沛地投身于发展经济文化建设中去，《民族区域自治法》规定：自治机关有自主发展民族体育事业的权利。开展民族传统体育活动，增强各族人民的体质。这使民族自治地方的自治机关可以根据民族传统和民族特点，自主地决定民族体育事业的目标、措施和方法，自主地决定民族体育运动的内容和活动形式，自主地采取各种奖励手段以鼓励民族体育事业的开展。

为了大力提高民族体育活动的水平，增强少数民族人民的体质，为了繁荣民族体育事业，为了继承、发扬民族体育的传统，为了在国内、国外的比赛中涌现更多的少数民族精英，各自治机关应该充分利用发展民族体育事业的自治权。民族体育事业发展起来，富有生机和活力的朝气蓬勃的民族就会出现，民族自治地方的建设事业就会大有希望。

六、开展国内外的交流与协作

民族自治地方的教育、科技、文艺、卫生、体育等文化事业的发展，固然应该建立在民族传统文化和民族特点的基础上，但民族文化的发扬并不是孤立地发展的，即使是在自给半自给的农业文明时代，民族文化也是彼此吸收、相互促进的。发展社会主义的现代民族文化事业，应该坚持开放，不断汲取外来营养以丰富自己，不断放出能量影响别人。因此，借鉴、吸收国内外先进文化就是民族自治地方文化发展的一个重要条件，应该鼓励各民族在文化方面大力开展交流与协作，共同促进民族文化的繁荣。为此，《民族区域自治法》规定："民族自治地方的自治机关积极开展和其他地方的教育、科学技术、文化艺术、卫生、体育等方面的交流和协作。自治区、自治州的自治机关依照国家规定，可以和国外进行教育、科学技术、文化艺术、卫生、体育等方面的交流。"这一规定，是适应民族自治地方改革开放的需要，是加速发展民族文化的重要措施，也是促进民族自治地方尽快改变文化教育和科技落后面貌的法律措施。这些年来，许多民族自治地方以自己民族文化的优势，大力开展文化交流，促进了民族文化的发展，也促进了民族经济的发展，更提高了各民族在国内外的影响。

第五节　管理其他事务的自治权

一、保护、改善生态环境和生活环境

《民族区域自治法》第四十五条，赋予民族自治地方的自治机关自主地保护和改善本地区的生活环境和生态环境、

防治污染和其他公害的自治权利，以实现人口、资源和环境的协调发展。这一权利包括两个方面，有两层意思。

两个方面是指权利行使所指对象涉及生活环境和生态环境。生活环境是指与人们生活密切相关的各种自然条件和社会条件；生态环境是指包括地理、气候、土壤、生物等自然条件形成的环境。

两层意思指行使权利有两个层面的内容，第一是保护，第二是改善。保护是保护现有的基本良好的环境，保护已受到破坏的不再受到破坏。通过保护生活和生态环境，使人们的生活能够清洁、舒适，保证少数民族人民健康、幸福，保证民族自治地方的生产、生活能够良性循环。改善是对生活环境和生态环境结构本身不合理或有欠缺之处，进行创造性的改变、改造，使之合理，形成良好的环境条件。

赋予民族自治地方的自治机关这种权利，乃是因为民族自治地方具有相当多的森林资源、水利资源、矿产资料、野生动植物、风景游览区、自然保护区等。民族自治地方的发展，必须要利用各种资源，这一权利赋予以后，可以在开发中防止过度开发，防治污染和各种公害。自治机关就可以把发展生产、保护环境、提高人们生活质量三者结合起来，使民族自治地方保持良好的生活和生态环境。

环境保护和改善的工作，不仅关系着民族自治地方人民的生活和生产，也关系到整个国家的自然生态环境的保护和改善，不仅关系到当今民族自治地方的人民，还关系到民族自治地方人民的子子孙孙。这是一件大事，自治机关应该充分行使保护和改善生活和生态环境的权利，使民族自治地方生存和发展的自然和社会条件，都能处于良性循环之中。

要保护好民族自治地方的生活环境和生态环境，自治机关一方面要严格执行《环境保护法》的规定，并利用制定补充规定和变通规定的权利，将环境保护法制化，做到保护和改善工作有法可依。另一方面自治机关在行政工作中要严格执法，采取各种灵活、有效的有力措施，坚决制止对森林的乱砍滥伐、对草原的人为破坏、对野生动植物的捕杀与砍伐等行为，积极防治污染和公害，特别是在兴办产业时要考虑其对大气、水源的污染问题，还要动员起应有的人力和物力，改善生活、生态环境。

二、制定实行计划生育的办法

计划生育是我国的基本国策，计划生育工作开展得好坏，不仅关系到我国社会主义现代化建设能否顺利进行，国家能否富强，而且关系到中华民族素质的提高、优化和子孙后代的幸福。严格控制人口增长，使人口数量的增长与经济和社会发展的水平相适应，实行优生优育，提高人口素质，使之与现代化建设和科技发展相适应，这是计划生育工作的根本任务。民族自治地方也要贯彻执行计划生育这一基本国策，它是关系到民族自治地方经济、社会发展和少数民族兴旺繁荣的大问题。当然，民族自治地方的计划生育工作不能照搬汉族地区的办法，需要有适合民族自治地方的、尊重少数民族风俗习惯、宗教信仰、文化传统的实际而又可行的办法。为了切实搞好民族自治地方的计划生育工作，《民族区域自治法》第四十四条规定：民族自治地方实行计划生育和优生优育，提高各民族人口素质。民族自治地方的自治机关根据法律规定，结合本地方的实际情况，制定实行计划生育的办法。这就赋予了自治机关在计划生育工作上的自治权。

这一权利包含两层意思。第一，自治机关可以根据本地民族的实际情况，因地制宜、因民族制宜地制定计划生育办法。第二，自治机关制定的计划生育办法必须与国家法律的规定相一致，不能违反国家法律规定的基本原则。

在制定民族自治地方计划生育办法时，一是控制人口增长，只不过控制的程度依各民族的经济发展情况、民族人口情况来决定，较之汉族地区可适当放宽；二是提高人口质量，计划生育问题与婚姻、生儿育女密切相关，防止早婚多生、未婚先生、近亲婚姻等现象的出现和增长，保证优生优育，迅速提高少数民族的人口质量。

三、制定管理人口流动的办法

随着对内对外的开放加快、加大，随着社会主义市场经济体制的建立，人口的流动是势不可挡地要增强。民族自治地方由于地大物博、资源丰富，国家又鼓励到民族自治地方协作开发自然资源、开办企业、联营经商、开发旅游业等，外地许多人口会涌往民族自治地方。这种人口流动，在一定范围内对民族自治地方搞活经济、发展生产有利，但对这些流动人口，也必须进行管理。为此，《民族区域自治法》第四十三条规定，自治机关可以根据法律的规定，制定管理流动人口的办法，赋予自治机关以自主管理流动人口的权限。

民族自治机关在行使这一自主权时，既要允许流入，又不能让其盲目流入。因为人口的容量是由土地面积、经济发展、生活条件决定的。如果流入过多,经济发展又不能容纳,生活条件又跟不上,就会造成社会秩序的不安定,有时甚至会影响民族关系。流动人口到民族自治地方,应该有业可操,有工可做,有事可干。这样才能抑制流动人口盲目流入,使自治地方的承受能力与流入人口相适应,不致出现超负荷的状态。自治机关在行使这一自治权时,既要允许流出,又要适当加以限制。既然有人口流入,就必然会有流出。由于自治地方市场经济的发展,必然会有人外出经商,外出做工等,甚至还有人出国。各民族之间人口流动越多,交往越多,发展也就会更快。由于少数民族地区多数长期封闭,应该允许、鼓励少数民族群众流出去见世面,去学习先进的生产技术和先进的文化。但由于自治地方人才缺乏,所以要对自治地方的建设人才、管理人才的流出作适当的限制,并采取一些优惠措施吸引人才。

对人口流动的管理既关系到民族自治地方经济文化建设,又关系到社会秩序的稳定,还关系到边疆安全的巩固。自治机关应充分认识其意义,用好、用活制定管理流动人口办法的权利。

第七章　依法保障民族自治地方自治机关的自治权

第一节　自治权的内涵

一、自治权的定义和要素

自治权是民族自治地方的自治机关所拥有的自主管理本地区、本民族事务的特定权利。这项权利是民族自治地方的自治机关即人大和人民政府依照宪法和法律规定的权限，结合本地区的实际以贯彻执行国家法律和政策，自主地管理本地区、本民族事务的权利。

任何民族自治地方的自治机关都拥有自治权。自治区、自治州、自治县都各自拥有自治权，它们都可以依据法律自主地管理本地区、本民族的事务。

民族自治地方自治机关的自治权利包括以下基本要素：

(一)自治权必须由宪法和法律所赋予

任何自治机关行使各种自治权,都必须有法律作为依据,没有法律赋予的,就不能成为自治权,这是自治权的基本要素。我国《宪法》、《民族区域自治法》和相关法律,对民族自治地方自治机关行使什么自治权都有特别的规定。法律的委托、授权构成自治权的依据,没有法律的赋予,自治权就不能存在。自治权是自治机关自主地管理本地区各民族事务的法律依据。

(二)行使自治权的主体必须是民族自治地方的自治机关

民族自治地方的自治机关即人大和人民政府。1982年《宪法》第四条规定:"各少数民族聚居的地方实行区域自治,设立自治机关,行使自治权。"这一要素的意思是:只有自治机关才能行使自治权利,自治机关才有资格行使自治权,其他任何单位、个人或集团均没有这种资格,无权行使自治权。自治机关作为自治区域内各族人民行使自治权利的代表,它必须广泛地吸引各族人民参与,因为这种权利本身是属于自治地方广大人民的。这并不意味着任何个人、单位、集团都可以行使自治权,广大群众或集团无权直接行使自治权,他们必须把自己的意志和要求转化为自治机关的行为,从而间接行使自治权,广大群众或集团间接行使这种权利,正说明他们不是行使自治权的主体。

(三)自治权具有自主性

民族自治地方的自治机关行使的自治权,较之非自治地方的政府和人大来说,更具有自主性。虽然民族自治地方的自治机关也是国家的一级地方机关,有认真、严格贯彻执行上级机关的法律和政策的义务,但在贯彻各种法律和政策时,都可以根据本自治地方的实际情况,行使变通、补充、停止执行等权利,可以根据自然条件、历史条件、风俗习惯、传统方式等较灵活地执行国家的法律和政策。这种灵活性、变通性是其自主性的表现。《民族区域自治法》第三章在许多方面规定了自治机关的"自主地"安排、管理、使用、发展等各项自主权。

自主性是自治权的核心。自主地管理本地方事务、本地方各民族事务,自主地贯彻执行国家的法律和政策,是民族区域自治的基本点。

(四)自治权是一种特定权利

自治权的范围不是无所不包的,它是国家宪法和法律所特别赋予的,因而具有特定性。没有宪法和法律的赋予,自治权利就不存在。法律赋予了自治权的特定内容和范围，因此，自治机关必须在这种特定的范围、特定的方面行使，超出特定的范围和界限，不存在自治权。这一基本要素是各级自治机关在行使自治权时必须遵循的。

二、自治权的特点

（一）广泛性和有限性的统一

《民族区域自治法》赋予民族自治地方的自治机关政治、经济、文化、教育及其他方面极其广泛的权利，这体现了自治权的广泛性。自治权的这种广泛性，保证了民族自治地方充分的自主管理权限。这种广泛的自治权不是无所不包的，也不是独立的，它只能在国家宪法和法律规定的范围内行使，在管理本地区事务和本民族事务方面行使，并且要在最高国家政权机关的统一领导下，保证国家法律、政策在本地区得到遵守和执行，这体现了自治权的有限性。自治权的这种广泛性和有限性的统一的特点，决定了自治权行使时的双重任务，表明了自治权与独立权的根本区别，显示了它与一般地方国家机关的主要差异。

（二）自治权与地方国家机关职权的统一

民族自治地方的自治机关是一级地方国家机关，负有管理本区域内各种事务的任务，拥有地方国家机关的职权；同时又是自治地方，还行使着自治权。民族自治地方的自治机关这两种权利在现实生活中是融为一体、不可分割的。在行使自治权的同时，也是在行使一级地方国家机关的职权。自治权不是自治机关行使地方国家机关职权之外的权力，因此，自治机关在行使自治权时，应该充分考虑同时也在行使地方国家机关的职权，必须把对国家负责和对本自治地方各民族人民负责统一起来。如果只照顾一方，就势必会损害另一方的利益。既要照顾国家利益，又要考虑本民族、本地区的利益，这是行使自治权的基本要求，各民族自治地方的自治机关应该努力寻求两种利益的最佳结合点。

（三）从属性与自主性的统一

民族自治地方的自治权没有独立性和最高性，它是由国家宪法和法律所赋予的，是从属于国家权力的一种特殊的权利。它必须在自治地方贯彻和执行宪法和法律，它必须接受上级国家机关的领导，它拥有的是在特定领域内的权利。因此，自治权具有从属性。

自治权在具有从属性的同时又具有充分的自主性。它可以根据本自治地方的实际，制定自治条例和单行条例，对上级国家机关的决议、决定、命令和指示，可以变通执行或停止执行，充分体现自治权的自主性。自治权是从属性与自主性的统一，二者不是互相排斥，而是相辅相成的。在从属的范围内可以充分地自主，充分地自主以从属为前提。

第二节　自治机关自治权的性质

一、民族自治与区域自治的结合

我国的民族区域自治包含了民族自治和区域自治两个方面，聚居地区的少数民族被赋予自主管理本民族内部事务的权利，享有民族自治权利，这是民族自治。由于我国各民族交往密切，居住上形成了大杂居、小聚居、交错居住的状况，即使在某个少数民族聚居的地方，也有部分其他少数民族居住，这些民族也应该享有自治权。因而，民族区域自治又包含了区域自治的因素。如广西壮族自治区，它既是壮族人民的自治，又是该地区的自治，该地区又享有自主管理本地区经济文化建设的自治权利。

这样，民族自治地方自治机关就承担着双重任务，既要贯彻民族自治又要贯彻区域自治，自治机关行使自治权也必须把二者结合起来。自治权既不只是某一自治民族独有的，也不只是简单的地方自治所独有的。

自治权的这一性质适应了我国民族居住分布状况，既照顾了各少数民族的利益，又照顾了当地的利益，把民族自治区域的民族特点和地区特点有机地结合起来了。这有利于自治机关用好权力，促进民族地区的进步繁荣。

二、政治权利和其他权利的统一

《民族区域自治法》赋予了民族自治地区极其广泛而多样的权利，这些权利是政治权利和其他权利的统一，在自治权中既涉及少数民族及其地区的政治权利，还涉及经济、文化、教育等方面的权利，正是这些广泛的自治权利构成了民族区域自治。

首先，《民族区域自治法》赋予了民族自治机关广泛的政治权利。民族自治地区的人大有"根据当地民族的政治、经济和文化的特点，制定自治条例和单行条例"的权利；有对上级国家机关的决议、决定、命令和指示中不适合民族自治地方实际情况的，在报请上级国家机关批准的前提下可以"变通执行或者停止执行"的权利；有使用和发展民族语言文字的权利；有大量培养、使用少数民族干部和专业技术人才的权利；有组织本地方维护社会治安的公安部队的权利。这些表明了，在政治上民族自治地方有广泛的自治权，各族人民能充分行使这些权利。

其次，民族自治地方还在经济、财政、文化教育、科学技术、体育卫生等方面享有广泛的自治权利。如，决定经济发展计划，改革经济体制，发展民族教育和各种民族文化事业的自治权等。

政治权利与其他权利统一在自治权中，使自治权更为广泛，也使民族区域自治地方拥有配套的权利。权利的各个方面相互配合，构成一体，使民族区域自治更为完整。

三、统一性和自主性的结合

民族自治地方自治机关的自治权不是独立权，它是在国家统一权利之下的自主权，自治权不能违背国家权利，不能破坏宪法和法律的权威，也不能违背国家统一的行政权利。

但国家权利本身又不排斥民族自治地区自治机关的自治权，相反，还要保护和尊重民族自治地方自治机关的自治权利。

首先，自治权是国家赋予的，它从属于国家权利。自治机关在行使自治权时，必须自觉服从国家的统一领导和监督，同时接受上级国家机关的帮助。在行使变通、灵活、特殊的自治权时，要考虑国家是否授予，上级国家机关是否批准。因此，自治权本身就包含了自觉维护国家法律和政令统一的义务。

其次，自治权具有的统一性又不排斥自主管理的自主性。自治机关行使的自治权包含了根据本民族、本地区的特点，自主地进行政治、经济、文化等事务上的管理权。自治机关在行使自治权时，可以充分发挥自己的主观能动性，采取各种行之有效的措施，促进民族经济的发展、社会的安定和民族的昌盛。

自治权的统一性与自主性结合，使民族自治地方与祖国的广大地区连成一片，民族自治地方的发展可以得到国家和其他地区的支持和帮助，又使自己相对独立、拥有自主管理的权利，从实际出发，解决民族自治地区发展中的各种问题，从而支援国家和其他地区，促进全国共同发展，各民族共同繁荣。

第三节　自治权的行使

一、行使自治权的原则

（一）服从国家统一领导，维护国家统一

赋予民族自治地方自治机关的自治权，主要是尊重少数民族管理本民族内部事务的权利，照顾少数民族独特的自然条件、历史特点、民族特点和文化传统，使之更切合实际地采取各种措施促进社会发展，繁荣民族经济、文化，把民族自治地方建设好，使少数民族人民过上幸福的生活。自治权是宪法和法律所赋予的，它的行使必须在宪法和法律所规定的范围之内，不得超越宪法和法律规定的范围。在宪法和法律规定的范围内行使变通办法的自治权时，也不能违背宪法和法律的基本原则，目的是为了更切合实际地贯彻执行宪法和法律。例如，国家制定了《计划生育法》，民族地区可以变通执行，但变通的实质必须是执行计划生育，只不过在计划生育的具体方式和内容上可以因地因族地变通。如果"变

通"为不实行计划生育，那就违背了法律。

我国是单一制国家。国家的统一领导是根本原则，自治权的行使必须遵循这一原则。

（二）充分行使自治权，推动民族自治地方社会发展

民族自治地方自治机关的自治权，是宪法和法律赋予的权利，是为了保障民族自治地方自主管理地方经济、文化、教育事业，保障自治地方各少数民族人民自主管理本民族内部事务，是为了促进民族地区的繁荣昌盛。民族自治地方的自治机关应该珍惜自治权，充分行使自治权，推动民族自治地方社会的发展。

充分行使自治权，一是要用够。即是说各项自治权都要使用，只要是法律赋予的，就要大胆使用，不要有顾忌。二是要用活。行使自治权，应该领会精神实质，创造性地加以使用。要改变旧观念，不能拘泥于上级的指示和安排，应该认真研究这些权利在本地如何灵活、如何变通地实施，使自治地方在社会发展中有更广阔的活动余地。三是要用好。行使自治权要保证能给自治地方的经济发展、人民生活带来实惠，带来好处。只要能促进经济发展，能提高人民的生活水平，能提高民族素质，就应该大胆地使用自治权。这样才能

在社会主义市场经济竞争中，促进和加快民族自治地方的繁荣和进步。

（三）坚持少数民族和民族自治地方的特殊性

宪法和法律赋予民族自治地方自治机关的自治权，其根本出发点就是考虑到民族自治地方有其特殊性，少数民族有其特殊性。为保障少数民族和民族自治地方的利益，尊重其民族特点和地区特点，宪法和法律才赋予自治机关广泛的自治权，使其制定更切合本地方实际的政策，发展本地方的各项社会事业。因此，民族自治机关在采取各种措施，制定各种管理社会经济、文化事业的决策时，都必须从当地的自然条件、经济状况、民族传统等具体情况出发，就是必须从民族自治地方的实际出发，才能充分行使自治权。

（四）坚持区域自治和民族自治相结合，促进民族团结

我国的民族区域自治是区域自治和民族自治的结合，自治机关行使自治权，必须坚持民族团结的原则。我国少数民族的分布呈现错综复杂的状况，在相当多的自治区域内，以某一少数民族为主体，还包含有其他少数民族，因此，自治机关行使自治权，必须坚持民族团结的原则，调动区域内各民族人民的积极性，共同建设好民族自治地方。自治机关行

使自治权，必须以促进民族团结为目标，反对任何形式的地方民族主义和民族歧视，坚守宪法和法律。

（五）坚持充分行使自治权与承担义务相结合

国家宪法和法律赋予民族区域自治地方的自治机关广泛的自治权，自治机关应该充分行使，为民族自治地方的经济、社会发展服务。权利与义务是相辅相成的，自治机关在行使自治权的同时，必须承担相应的义务。首先，自治机关行使自治权，必须维护国家的统一，保证宪法和法律在本地方的遵守和执行，绝不能因为自治，而置国家的宪法和法律于不顾。自治机关必须保证积极完成上级国家机关交给的各项任务。其次，自治机关行使自治权，必须以领导各族人民集中力量进行经济、文化建设，发展社会生产力，提高人民的物质文化生活水平为根本出发点。最后，自治机关行使自治权，有义务维护和发展各民族平等、互助、团结的社会主义民族关系，对于我们这样一个各民族大杂居、小聚居、交错居住的多民族国家来说尤为重要，是一个不容忽视的义务。

二、充分行使自治权应注意的问题

国家赋予了民族自治地方这样广泛的权利，其目的是尊重少数民族的特点和地区特点，以保证能灵活地制定正确的政策和采取特殊的措施，自主地发展经济文化事业，这些权利该如何行使，行使得怎么样，都与民族自治地方自治机关的干部素质和水平有密切的关系。自治权只有靠正确而科学的决策才能体现，从这个意义上讲，提高自治机关干部的领导和决策素质，健全自治机关的决策体制，就显得格外重要。

民族自治地方经济社会发展的各项决策都必须从本地区、本民族的具体特点出发，考虑自然资源、人口素质、经济实力等情况，作好经济发展战略和规划等的决策。要在充分调查研究、收集大量信息的基础上，进行科学的分析、评估和论证，进而作出决定。通过正确的决策保证自治权的充分行使，才能赢得自治权的权威。

第八章　民族自治地方内的民族关系

第一节　民族自治地方内的民族关系

我国的民族自治地方，是以少数民族聚居区为基础，以当地民族关系、经济发展等为依据，并参酌历史情况建立的，其民族成分复杂，民族关系也复杂。从总体上考察，民族自治地方大体上存在四个方面的民族关系。

一、少数民族与汉族的关系

我国汉族人口最多，遍布全国各地。不仅遍布在各个民族自治地方，而且即使是在一些民族自治地方内，汉族人口也超过半数。根据2010年第六次全国人口普查的结果，如广西壮族自治区，汉族人口占61.46%；宁夏回族自治区，汉族人口占64.58%；内蒙古自治区，汉族人口占78.38%。因此，在民族自治地方，各少数民族与汉族的关系，是当地民族关系的重要方面。

二、自治的少数民族与非自治的少数民族的关系

我国民族分布和区域自治的特点,决定了任何一个民族自治地方都不只有单纯的一个自治民族,而是除有汉族、自治民族外,都还存在着一定数量的非自治民族。这些非自治民族或者是小聚居,或者是散居、杂居。如新疆维吾尔自治区有46个少数民族,除了维吾尔族、哈萨克族、蒙古族、回族、柯尔克孜族、锡伯族、塔吉克族等7个民族享有自治权外,还有杂居、散居的39个少数民族未享有自治权。在内蒙古自治区,有49个民族成分,实行区域自治的只有4个民族(蒙古族、鄂伦春族、鄂温克族、达斡尔族),大量的是未实行自治的民族。这样,在民族自治地方,就存在着自治民族与非自治民族之间的关系。

三、自治民族之间的关系

在我国的民族自治地方中,自治民族间的关系有以下三种:

第一种，纵向的自治民族间的关系。这是指高一级的自治地方的自治民族与低一级的自治地方的自治民族间的关系。如在新疆维吾尔自治区，以维吾尔族为自治民族；在自治区下设的巴音郭楞蒙古自治州，以蒙古族为自治民族；在巴音郭楞蒙古自治州，又设有焉耆回族自治县，以回族为自治民族。这样，在维吾尔族与巴音郭楞蒙古自治州的蒙古族、焉耆回族自治县的回族之间，就形成了纵向自治民族之间的关系。

第二种，横向的自治民族间的关系。在一个大的民族自治地方内，又并存着若干同级的不同民族自治地方，这些若干同级的不同民族自治地方间的自治民族的关系，就是横向自治民族间的关系。如新疆昌吉回族自治州的回族与伊犁哈萨克自治州的哈萨克族之间的关系，新疆伊犁哈萨克自治州中察布查尔锡伯自治县的锡伯族与和布克塞尔蒙古自治县的蒙古族之间的关系，就是横向的自治民族间的关系。

第三种，联合自治的民族间的关系。在两个或两个以上的少数民族联合自治而建立的自治地方内存在这种民族关系。如云南省的双江拉祜族佤族布朗族傣族自治县中，拉祜、佤族、布朗族、傣族四个自治民族之间的关系就属于这种。

四、非自治的少数民族之间的关系

我国的民族自治地方内，一般都有未实行自治的少数民族存在。如在西藏自治区，居住着未实行区域自治的门巴、珞巴等少数民族，这些未自治的少数民族之间的关系，就是非自治的少数民族之间的关系。

第二节 维护和发展民族自治地方内的社会主义民族关系

一、自治机关要保障本地方内各民族享有平等的权利

《民族区域自治法》第四十八条规定："民族自治地方的自治机关保障本地方内各民族都享有平等权利。""民族自治地方的自治机关团结各民族的干部和群众，充分调动他们的积极性，共同建设民族自治地方。"保障本地方内各民族都享有平等权利，是维护和发展民族自治地方内的社会主义民族关系的基础，因此，应首先予以重视，保障各民族享

有平等权利，应当从以下几个方面作出努力：

（一）保障各民族管理本地方事务的权利

民族自治地方内各民族都享有管理本地方事务的权利，这是民族平等在政治上的重要标志，是各族人民当家做主的重要体现，也是维护和发展自治地方内的社会主义民族关系的重要条件。民族自治地方内的民族成分多，民族关系复杂。但无论是自治的民族，还是非自治的民族，也不论是聚居的民族，还是杂居、散居的民族，民族自治地方的自治机关都必须保障他们都享有政治上的平等权利，使他们都能够通过自治机关，参与本地方事务的管理，决定本地区的重大事项。在这个问题上，应当明确的是，管理本地方事务的权利，不只是自治民族才能享有，其他非自治民族以及汉族都同样享有。这是因为，民族区域自治是民族因素与区域因素、历史因素与现实因素的结合，也就是说，在民族自治地方，各民族在政治上都是平等的，都享有当家做主的权利。自治地方虽然在自治区、州、县前冠以XX民族的名称，这只是说明他们在区域内有代表性，实际上还包含了区域内的其他民族。因此，冠以XX民族之名，并不意味着只有该民族才享有管理本地方事务的权利。

《民族区域自治法》第十六条规定：民族自治地方的人

民代表大会中，实行区域自治的民族和其他少数民族代表的名额和比例，根据法律规定的原则，由省、自治区、直辖市的人民代表大会常务委员会决定，并报全国人民代表大会常务委员会备案。民族自治地方的人民代表大会常务委员会中应当有实行区域自治的民族的公民担任主任或者副主任。第十七、十八条还规定，民族自治地方的人民政府的其他组成人员，自治机关所属工作部门的干部，"要尽量配备实行区域自治的民族和其他少数民族的人员"。这就从组织上为民族自治地方内各民族都享有管理本地区事务的权利提供了保障。同时，民族自治地方的自治机关所属工作部门的干部中，应当合理配备实行区域自治的民族和其他少数民族的人员。

（二）保障各族人民都享有宪法规定的公民权利

我国宪法规定的公民权利，体现了各族人民的利益和要求。任何公民都享有宪法和法律规定的权利（《宪法》第三十一条），自治地方的公民也不例外。"民族自治地方的自治机关必须维护国家的统一，保证宪法和法律在本地方的遵守和执行。"（《民族区域自治法》第五条），自然也应该"保障本地方内各民族公民都享有宪法规定的公民权利，并且教育他们履行公民应尽的义务"。（《民族区域自治法》第五十二条)。自治机关切忌借口民族自治地方的特殊性而妨碍公民对宪法规定的权利的享有。只有这样,才能维护宪法的尊严和最高权威,体现各民族的平等,有利于民族自治地方内社会主义民族关系的健康发展。

(三)帮助自治地方内的其他少数民族建立民族自治地方或民族乡

《民族区域自治法》第五十条第一款规定:"民族自治地方的自治机关帮助聚居在本地方的其他少数民族建立相应的自治地方或民族乡。"帮助聚居本地而又具备自治条件的其他少数民族建立自治地方,让其享有自治权;帮助聚居本地、但不具备建立自治地方条件的其他少数民族建立民族乡,让其依法享有采取适应民族特点的具体措施的权利。这都将使这些民族感受到平等的主人翁地位,充分调动和发挥其他少数民族的积极性、创造性,融洽各民族间的关系,有利于维护和发展自治地方内的社会主义民族关系。

(四)照顾本地方散居民族的特点和需要

《民族区域自治法》第五十条第三款规定:"民族自治地方的自治机关照顾本地方散居民族的特点和需要。"民族自治地方的散居少数民族,与自治民族相比,其生产、生活或风俗习惯，都可能有不同的特点，因而有其特殊的需要。自治机关对这些少数民族的特点和需要必须予以尊重，不能因这些民族人数少、散居而忽视其特点和特殊需要，而应该根据这些民族的特点和特殊需要，给予特别的关怀和照顾，积极帮助他们解决好特殊问题。这样，才能使散居民族与本地方的其他民族平等、友好地相处。

（五）教育和鼓励干部互相学习语言文字

语言文字是各民族交流思想、传递信息的工具。各族干部是自治机关和各族群众之间的桥梁和纽带，既担负着贯彻执行民族政策和法律的重任，又负有领导各族群众发展本地区各项事业的职责。如果不懂得其他民族的语言文字，就难于卓有成效地开展工作，也难于增进各民族间的了解和团结。因此，各民族干部互相学习语言文字，对维护和发展民族自治地方内的社会主义民族关系，具有不可低估的实践意义。也正因如此，《民族区域自治法》第四十九条规定：

"民族自治地方的自治机关，教育和鼓励各民族的干部互相学习语言文字。汉族干部要学习当地少数民族的语言文字，少数民族干部在学习、使用本民族语言文字的同时，也要学习全国通用的普通话和规范文字。"

二、自治机关要尊重各民族代表意见，妥善处理涉及民族的问题

民族自治地方内的民族成分复杂，各民族都有自身的特殊问题。自治地方内各民族的代表，在本民族中享有很高威信，熟悉本民族的特点，了解本民族各方面的情况，最能代表本民族的利益。同时，他们又是代表本民族人民在自治机关中行使权力的任务。民族自治地方的自治机关，在处理涉及本地区各民族的特殊问题时，必须慎重，与他们的代表充分协商，尊重他们的意见。这样做，既是对各族人民主人翁地位的尊重，又体现了民族平等和团结的精神，因而能使问题得到圆满解决，得到有关民族的拥护和支持。正因如此，《民族区域自治法》第五十一条明确规定："民族自治地方的自治机关，在处理涉及本地方各民族的特殊问题的时候，必须与他们的代表充分协商，尊重他们的意见。"

三、自治机关要帮助本地方各民族发展经济文化等事业

由于历史上遗留下来各民族发展不平衡的问题，导致

了民族自治地方内的各民族在经济、科学、文化等方面的差距。建国以后，虽然这种差距在逐步缩小，但还未完全消除。这种情况不消除，民族自治地方的社会主义民族关系势必受到影响。搞好民族工作，维护和发展自治地方内的社会主义民族关系的核心问题，就是要积极创造条件，加速发展民族自治地方各民族的经济文化等事业，促进各民族的共同繁荣。因此，加速发展民族自治地方各民族的经济文化等事业，不仅是社会主义现代化建设的需要，同时也是维护和发展民族自治地方内社会主义民族关系的需要。

民族自治地方各民族发展经济文化等事业，主要靠自力更生，但是上级国家机关、其他发达地区和民族的支持和帮助也是必不可少的，作为民族自治地方的自治机关，更有不可推辞的职责。因此，《民族区域自治法》第五十条第二款规定："民族自治地方的自治机关帮助本地方各民族发展经济、教育、科学技术、文化、卫生、体育事业。"民族自治地方的自治机关帮助本地方各民族发展经济文化等事业，同样是社会主义现代化建设的需要，也是维护和发展民族自治地方内社会主义民族关系的需要。

四、自治机关应加强本地方内的社会主义精神文明建设

这里所指的精神文明建设特指《民族区域自治法》第五十三条规定的爱祖国、爱人民、爱劳动、爱科学、爱社会主义的公德教育（以下简称"五爱教育"）与爱国主义、共产主义和民族政策的教育，各民族干部和群众互相信任、互相学习、互相帮助和互相尊重语言文字、风俗习惯和宗教信仰的教育（以下简称"四互教育"）。该条规定："民族自治地方的自治机关，提倡爱祖国、爱人民、爱劳动、爱科学、爱社会主义的公德教育，对本地方内各民族公民进行爱国主义、共产主义和民族政策的教育，教育各民族的干部和群众互相信任、互相学习、互相帮助，互相尊重语言文字、风俗习惯和宗教信仰，共同维护国家的统一和各民族的团结。"在自治地方进行"五爱教育"和爱国主义、共产主义与民族政策教育以及"四互教育"的意义在于，促使自治地方各族人民"共同维护国家的统一和各民族的团结"，自然也有其维护和发展自治地方内社会主义民族关系的意义。

第三节　加强民族自治地方内民族乡的建设

一、民族乡的性质

民族乡是我国特有的、少数民族自己管理自己内部事务、依法行使当家做主权利的一种基层政权形式，是解决我国散杂居少数民族问题的一种较好的政治形式，是民族区域自治制度的一种必要补充形式。民族乡是少数民族聚居的乡级行政区域，这里特指建立在民族自治地方内的民族乡。在民族自治地方内，如果聚居的其他少数民族人口太少、区域太小，相对于自治地方内的自治民族聚居区来说，他们只是散居或杂居的少数民族，那么，这样的少数民族事实上不能行使自治权，这样的地方也不宜建立民族自治地方。但作为民族区域自治制度的补充，我国《宪法》和《民族区域自治法》规定，可以在有条件的地方建立以少数民族聚居区为基础的民族乡。《民族乡行政工作条例》具体保障民族乡制度的实施。截至2013年7月，中国大陆共有民族乡1 256个，除山西、陕西、海南、宁夏和上海未设立民族乡以外，其余28个省级行政区均设有民族乡。民族乡最多为贵州、云南，分别达到252个和150个，其次为四川和湖南，2007年分别达到98个和97个。

1954年宪法颁布以前，民族乡称自治乡，自治乡是自治地方。1954年《宪法》将自治乡改为民族乡，民族乡不再是自治地方而是地方一般基层的乡级政权。此后的民族乡都是这样。其原因是："宪法草案上规定的少数民族聚居的乡，称为民族乡，不冠自治的名称。这是因为几年来的经验证明，在有相当于乡一级的自治区，由于地区很小，人口很少，受许多条件限制，不可能实现宪法草案第二章规定的自治权利，所以不叫自治乡，而叫民族乡。以区别于民族自治地方。"

民族乡不是民族自治地方，而是地方一般乡级行政区域。但民族乡相对于地方一般乡级政权，又有其特殊性，主要表现在它在组成上和工作上的特殊性。

二、民族乡的组成

根据1983年国务院《关于建立民族乡问题的通知》，成立民族乡要具备下面几个条件，即：凡是相当于乡的少数民族聚居的地方，应当建立民族乡；少数民族人口占全乡总人口30%以上的乡，可以按照规定申请设立民族乡；特殊情况的，可以略低于这个比例。有关民族乡的建立事宜，由省、自治区、直辖市人民政府决定。

民族乡相对于地方一般乡级政权，在组成上有两个方面的特殊性：一是民族乡的乡长，由建立民族乡的少数民族公民担任；乡政府工作人员，应尽量配备本乡内各少数民族人员。二是民族乡是一个集合概念，整体称呼，具体到某一个具体的乡，除特殊情况外，不称"XX民族乡"，而是由地名+具体民族+乡组成，如新疆霍城县的"伊车嘎善锡伯族乡"，"伊车嘎善"是地名，"锡伯族"是具体民族，地名+具体民族+乡，就构成了"伊车嘎善锡伯族乡"这个民族乡的名称。

三、民族乡的工作

民族乡相对于地方一般乡级政权，在工作上一般有四个方面的特点：一是民族乡的人民代表大会可以依照法律规定的权限，采取适合民族特点的具体措施。民族乡的人民政府，依照法律和有关规定，可以结合本地区的具体情况和民族特点，因地制宜地发展经济、文化、教育和卫生等事业。二是民族乡在执行职务时，使用当地通用的语言文字。三是民族乡不仅受上级人民政府的领导，而且受上级人民政府民族事务委员会的指导与帮助。因此民族乡在上级政府的领导渠道上具有特殊性。四是对各族居民进行民族政策和民族团结教育是民族乡的重要工作。国家对民族乡实行优惠政策。各级党委和政府在制定政策时，要充分注意民族乡的特点，帮助和扶持民族乡发展经济和文化事业。

四、民族乡的建设

民族自治地方建立民族乡，解决了小聚居区内少数民族的平等权利问题，因而它是民族区域自治制度的重要补充，是处理自治地方内自治民族与散杂居（小聚居）民族之间的民族关系的正确方法，对维护和发展民族自治地方内社会主义民族关系有着重要作用。同时，在建立民族乡的基础上，进一步加强民族乡的建设，将会更进一步地维护和发展民族自治地方内的社会主义民族关系。

根据《民族乡行政工作条例》的规定，加强民族乡建设的重点在于：一是加强民族乡的政权建设。民族乡的政权，是民族乡的人民真正当家做主、切实享受平等权利的政治保证。只有把民族乡政权建设好,民族乡人民的平等权利才能得到保障,与其他民族平等、团结、互助的社会主义民族关系才能得到维护和发展。二是加强民族乡的经济建设。民族乡的经济,是民族乡人民行使平等权利和与其他民族建立社会主义民族关系的经济基础。加强民族乡的经济建设,特别是经济比较落后的民族乡的经济建设,尽快缩小与自治地方内经济发达地区或民族的距离,有利于实现各民族的平等、团结和互助。三是加强民族乡的文化建设。民族乡根据实际情况,可以兴办小学、中学和初级职业学校;牧区、山区以及经济困难的民族乡,在上级政府的帮助和指导下,可以设立以寄宿制和助学金为主的学校。民族乡的中小学可以使用当地少数民族通用的语言文字教学,同时推广全国通用的普通话。使用民族语言文字教学的中小学,其教育行政经费、教职工编制可以高于普通学校。加强民族乡的文化建设,提高各族人民的科学文化素质,而科学文化素质的提高,有助于加强对民族政策的理解,提高维护和发展社会主义民族关系的政治觉悟,进而自觉地从维护和发展社会主义民族关系的高度处理民族问题。而且,加强民族乡的文化建设,有益于当地的政治和经济的发展，因此，加强民族乡的文化建设意义重大。

第四节　正确处理民族自治地方内民族关系的意义

一、维护祖国统一和领土完整

我国是一个地域辽阔、民族众多而又统一的国家。国家的建立，是各族人民共同努力的结果。维护这个统一的国家，仍然要依靠各民族人民的共同努力。民族自治地方的民族关系情况，直接影响到国家的统一事业。建国60多年来的历史经验证明，什么时候民族自治地方内的民族关系得到正确处理，祖国统一事业就得到巩固和发展，反之，则受到影响甚至破坏。因此，正确处理民族自治地方内的民族关系，就能有力地维护祖国统一。

同时还应看到，我国的民族自治地方大都处于祖国边陲，具有十分重要的战略意义。历史上的帝国主义列强入侵、外国势力的捣乱破坏，都往往从边疆入手。现在，国际反华势力，或者蓄意制造矛盾，企图把我国的民族地区从祖国分离出去，或者赤裸裸地入侵，侵占我国领土。处理好民族自治地方内的民族关系，在民族自治地方形成安定团结的政治局面，就是在祖国边陲建立起一支团结战斗的大军，筑起一道保卫边防的钢铁长城，就能有效地粉碎任何分离祖国的阴谋或外来入侵，有力地维护祖国统一，保卫祖国领土完整。

二、促进民族自治地方的团结、合作与繁荣

历史和现实证明，任何民族都不能离开其他民族而孤立存在，每个民族的发展与进步都不能不吸取其他民族所长。在任何地方，只有各民族团结合作、共同发展，才能实现该地区的繁荣。我国民族自治地方内的各民族，以地缘为基础，生活在一起，彼此形成了千丝万缕的联系，彼此相互依赖、相互影响。各民族间的团结合作，是他们兴旺发达、战胜困难的保证。正确处理好民族自治地方内的民族关系，就能保证各民族亲密无间地团结合作，进而促进各民族的发展与繁荣。相应地也促进了民族自治地方各项事业的发展与繁荣。党的十一届三中全会后，我国实施了正确的民族政策，正确地处理了民族自治地方内的民族关系，加强了民族团

结，使民族自治地方逐步走向繁荣。

三、促进我国各民族的团结和社会主义建设事业的发展

民族自治地方是中华人民共和国不可分离的组成部分。民族自治地方内的民族关系，是国家整个民族关系的组成部分。民族自治地方内的民族关系，影响到全国的民族关系。民族自治地方的民族关系融洽，我国民族关系就能顺利发展，各民族的大团结就能得到进一步的发展。毛泽东曾经指出，国内各民族的团结是我们的事业取得胜利的重要保证。正确处理民族自治地方内的民族关系，实现民族自治地方和全国各民族的大团结，我国社会主义建设事业就有了胜利的保证，其结果必然是社会主义建设事业大发展。

第九章　认真贯彻和实施民族区域自治法

第一节　民族区域自治法实施的基本情况

1984年5月31日颁布并于当年10月1日起施行，2001年2月28日第九届全国人民代表大会常务委员会第二十次会议通过修正的《民族区域自治法》，由于党中央、全国人大常委会、国务院的精心指导，国务院有关部门的积极配合以及有关省和民族自治地方的重视，得到了贯彻落实，并取得了很大的成绩。十届全国人大常委会第二十五次会议于2006年12月27日在北京人民大会堂举行第三次全体会议，听取全国人大常委会执法检查组关于检查民族区域自治法实施情况等报告。司马义·艾买提向会议报告了全国人大民族区域自治法执法大检查的情况：民族区域自治法颁布实施以来，从中央到地方，学习宣传贯彻这部法律，做了大量的工作，取得了很大成就：少数民族的民主政治权利得到保障；民族地区的经济建设实现了快速发展，社会事业发展取得了长足进步；配套法规建设取得重要进展。

一、各民族干部和群众受到《民族区域自治法》的教育

《民族区域自治法》实施以来，民族自治地方采取多种形式和途径，如利用报纸、广播、电视还有网络等新闻宣传工具，举办《民族区域自治法》的广播讲座、开辟专题讲座和专栏等，开展以《民族区域自治法》为内容的读书、演讲活动和知识竞赛活动，把《民族区域自治法》列为普法的一项重要内容，列为大专院校民族理论课和中等学校政治课的教育内容，向民族干部和群众广泛进行《民族区域自治法》的宣传和教育活动，对于《民族区域自治法》的贯彻和实施起了很大的作用。

二、民族区域自治法规体系初步形成

我国1982年制定的《宪法》，全面地规定了国家的各项民族政策，突出地规定了民族区域自治的各项制度，为调整

我国民族关系和健全民族法制建设提供了国家根本法依据。1984年5月31日六届人大第二次会议通过的我国《民族区域自治法》，就是根据我国现行《宪法》的原则和规定制定的，它把《宪法》中有关民族问题的规定具体化和制度化。《民族区域自治法》实施以来，全国人大和它的常委会，共审议通过法律文件76件，其中专门条款规定民族问题的有24件；国务院制定了《关于进一步贯彻实施〈中华人民共和国民族区域自治法〉的通知》；15个辖有民族自治地方的省颁布了9个贯彻《民族区域自治法》的若干规定；许多自治地方制定了自治条例和单行条例。经2005年5月11日国务院第89次常务会议通过，自2005年5月31日起施行的《国务院实施〈中华人民共和国民族区域自治法〉若干规定》，坚持和完善民族区域自治制度，制定相关行政法规和实施细则，把法律的原则性具体化、可操作化。《国务院实施中华人民共和国民族区域自治法若干规定》的颁布，是坚持和完善民族区域自治制度的必然要求，体现出与时俱进的理论品质，通过积极贯彻落实《规定》，促进了民族自治地方的全面发展。这样，以现行《宪法》为基础，以《民族区域自治法》为主干，以与《宪法》、《民族区域自治法》相配套的多层次、多形式的行政法规、地方性法规、自治条例和单行条例及有关规范性文件在内的民族区域自治法规体系初步形成。我国的民族工作从主要依靠政策办事，过渡到既依靠政策又依靠法律办事。

三、民族自治地方的建立任务基本完成

建立民族自治地方，设立自治机关，是实行民族区域自治、保障少数民族平等权利的基础和前提。1984年《民族区域自治法》实施以后，国务院批准新设立了44个自治县。至今，我国已有5个自治区、30个自治州、120个自治县，还有1256个民族乡，有44个民族建立了自治地方。实行自治的少数民族人口占少数民族人口总数的75%，民族自治地方行政区域的面积占全国总面积的64%。自治地方的数量和布局，中国的民族分布和构成，基本上适应中国少数民族自治地方分布情况。我国建立民族自治地方的任务已经基本完成。

四、民族自治地方的经济、文化和教育事业有很大发展

《民族区域自治法》实施以来，民族自治地方依据《民族区域自治法》的规定，行使了管理经济、财政、文化和教

育等方面的自治权。在经济建设中，大力调整和改革经济管理体制，实行对内搞活经济、对外开放的方针；研究和确定发展的方向和建设重点，合理调整产业结构和生产布局；在因地制宜、扬长避短的方针指导下，大力发展山区经济、林业和牧业经济，大力扶持乡镇企业和土特产品的加工业；积极开展与内地、沿海发达地区的对口支援、经济技术协作和咨询等活动，同时招聘教师和各种专业人才到民族自治地方工作；利用外资、引进国外先进的技术、设备以及开办中外合资、合营企业等；部分民族自治地方利用自然地理条件，发展旅游业等第三产业。此外，上级国家机关也依照《民族区域自治法》规定的原则，下放了部分重要的骨干企业给民族自治地方，增强了民族自治地方的经济实力，民族自治地方的工农业总产值逐年提高。在文化教育方面，国家和民族自治地方都增加了智力投资，建立各级、各类民族院校和民族预科学校，大力培养少数民族的各级各类人才，其数量和质量都有较多的增长。

五、加强了民族自治地方干部队伍的建设

《民族区域自治法》实施以来，国家和民族自治地方

采取特殊的政策和措施，大力培养少数民族干部，加强民族自治地方的干部队伍建设。在各级领导班子中，加强了民族干部力量，大胆提拔优秀的少数民族中青年干部到领导岗位上来。现在，自治区主席、自治州州长、自治县县长都由实行区域自治的民族的公民担任，各民族自治地方的人大常委会主任，也都由实行区域自治的民族的公民担任。在各民族自治地方自治机关的组成人员和各级领导干部队伍中，配备了一定数量的民族干部。与此同时，还采取特殊办法，在学校中大力培养民族干部的后备力量，增加少数民族学生的名额，培养少数民族的科技人才，形成了包括党务、经济、教育、科技、文化、卫生等各方面人才的宏大队伍。

第二节　贯彻和实施民族区域自治法的各项保障

一、思想保障——培养民族区域自治法制观念

民族区域自治法制观念，是指人们对一切有关民族区域自治问题所形成的各种观念的总称。它包括人们对《民族区域自治法》一般理论和主要内容的理解，由此形成的人们对

该法的基本看法和评价，对自己在实施该法中所具有的作用的认识和应持的态度，对正确行使该法规定的权利和忠实履行该法规定的义务的自觉程度，以及对实施该法的信心等。培养和树立民族区域自治法制观念，从根本上提高依法办事的自觉性，就要把《民族区域自治法》的形象化知识、条文知识、基本理论知识有机地结合起来。

《民族区域自治法》条文知识，是培养和树立民族区域自治法制观念的主要内容。《民族区域自治法》的文字简明扼要，通俗易懂，准确鲜明，逻辑严谨。对法律用语以及可能产生的歧义，都在草案的报告中加以限定或说明，有阅读能力的公民一般可以看懂。但法律条文比较枯燥，《民族区域自治法》条文也不例外，没有学习的自觉性，就很难集中精力去逐条地读完。这要通过普法宣讲，使各民族干部和群众在学习《民族区域自治法》主要内容的同时，熟练地掌握自己常用的有关内容。如，民族自治地方自治机关的工作人员，尤其是领导干部，要熟练地掌握自治机关组织与活动原则的主要法律条款。因为民族自治地方的自治机关是行使自治权的机关，也是具体执行《民族区域自治法》的机关，这个法能不能贯彻执行，首先取决于民族自治地方的自治机关是否严格依照《民族区域自治法》的规定办事。《民族区域自治法》条文知识是感性的，有待于上升到理性认识。只有理解和掌握了《民族区域自治法》的基本理论知识，才能使《民族区域自治法》的规定真正成为人们的行为规范。

我国是一个统一的多民族的社会主义国家，民族问题是关系到国家命运的重大问题，解决这个重大问题的正确政策是实行民族区域自治。按照马克思列宁主义关于解决民族问题的基本原则和理论，从我国民族问题的实际情况出发，将民族区域自治政策提高到理论的高度加以规范化和法律化的是《民族区域自治法》。经过规范化和法律化的民族区域自治政策，指导我们处理民族问题的实践，既丰富了解决民族问题的基本理论，又完善了民族区域自治政策。把认识上升到理性的高度，贯彻执行《民族区域自治法》的行动就能建立在真正自觉的基础上。

总之，民族自治地方的干部和群众、上级国家机关及汉族地区的干部和群众，只有掌握《民族区域自治法》的规范，才能知其所趋，知其所避，树立民族区域自治法制观念，使自己的行为符合这个法的规定。这是《民族区域自治法》贯彻和实施的思想保障，是真正的力量源泉。

二、体系保障——建立民族区域自治法规体系

江泽民在1992年1月14日中央民族工作会议上的讲话中指出：我们必须建立同实施《民族区域自治法》相配套的法规体系，使《民族区域自治法》在建设有中国特色的社会主义事业中更好地发挥作用。

《民族区域自治法》从我国的民族问题的实际情况和民族自治地方的共性问题出发，依据《宪法》规定的民族区域自治的总原则，为适应改革开放、社会主义市场经济建设发展和社会关系的变化，还需有更详细、更具体的法律规范，才能真正落到实处。如《民族区域自治法》中标明"依照（按照、根据）法律规定"的有10处，标明"上级国家机关帮助（扶助、扶持）"和"应当照顾（给予照顾）"的有15处，标明"依照（由）自治条例或者单行条例"和"采取特殊措施"的各2处。这23个条文29处规定，有些现在已经有了具体规定，但许多还没有规定出来，实践中很难贯彻执行。这就要求民族自治地方的权力机关，依照当地民族的政治、经济和文化特点，制定自治条例和单行条例；多民族的省，制定地方性法规；国务院及其有关部委，制定实施细则或具

体实施办法；全国人大常委会，制定相应的单行民族法律。

三、机制保障——健全民族区域自治法监督机制

我国《宪法》、《民族区域自治法》和几部组织法，都规定了实施《民族区域自治法》的法律监督条款。

《宪法》把党和国家许多年来行之有效的、正确的民族政策用根本法的形式固定下来，成为全国各族人民必须遵循的共同行为规范，并且庄严地宣布：任何国家机关、社会团体、政党、企事业组织、个人都必须遵守，不得违反，否则，一律追究其法律责任。

《民族区域自治法》的序言也庄严地宣布："《中华人民共和国民族区域自治法》是实施宪法规定的民族区域自治制度的基本法律。"它的地位和效力仅次于《宪法》，而高于一般法律、行政法规、地方性法规、自治条例和单行条例等；这些法律、法规和条例不能同它相抵触，否则，就被撤销或被宣布无效。

《宪法》和《组织法》规定，审查和监督法律文件是否符合《民族区域自治法》：省、自治区、直辖市、省级人民

政府所在的市和国务院批准的较大市的人大及其常委会制定的地方性法规，报全国人大常委会和国务院备案；自治区的自治条例和单行条例，报全国人大常委会批准后生效；自治州、自治县的自治条例和单行条例，报省或自治区的人大常委会批准后生效，并报全国人大常委会备案。

人民检察院是国家的法律监督机关，受理破坏《民族区域自治法》实施的案件，受理公民对违反《民族区域自治法》的国家工作人员提出的控告，行使检察权，教育公民遵纪守法，维护《民族区域自治法》的尊严；人民法院是国家审判机关，通过审判违反《民族区域自治法》的案件，教育公民自觉地遵守《民族区域自治法》。

四、政治保障——党组织在民族区域自治法范围内活动

《民族区域自治法》是由党中央提请全国人大常委会审议，并经全国人大会议庄严通过的。《民族区域自治法》一经制定颁布，党的各级组织按照党领导国家政权但不包办代替政权机关工作的原则，通过政治的、思想的、组织的领导，协调、检查和监督民族自治地方内各民族人民、国家

机关、各政党、社会团体、企事业单位、国家武装力量以及民族自治地方的上级国家机关，认真学习和实施《民族区域自治法》。这就是说，党领导各族人民制定《民族区域自治法》，党领导各族人民实施《民族区域自治法》，党自身也必须坚持在民族区域自治法制范围内活动。

现行《宪法》第五条规定："一切国家机关和武装力量、各政党和社会团体、各企业事业组织都必须遵守宪法和法律。一切违反宪法和法律的行为，都必须予以追究。任何组织或者个人都不得有超越宪法和法律的特权。"这里的"法律"，是包括《民族区域自治法》在内的；这里的"各政党"和"任何组织"，包括中国共产党的各级组织；这里的"任何个人"，包括中国共产党党员及党的领导人。现行《宪法》如此规定，既是对过去经验教训的总结，又是针对现在的实际情况，表明中国共产党的各级组织和党员及党的领导人，把自己看成同其他民主党派、社会团体、企业事业组织和公民一样，是平等的法律关系的参与者，在守法、执法和护法方面，有同等的权利和义务。